uemada viva

Divulgación
Biografías y Memorias

Souad

Quemada viva

El primer testimonio de una víctima de un crimen de honor

Con la colaboración de Marie-Thérèse Cuny

mr · ediciones

Título original: *Brûlée vive*

Paseo de Recoletos, 4. 28001 Madrid (España)

Diseño de la cubierta: adaptación de la idea original de Pablo Olmos Adamovich
Ilustración de la cubierta: Jean Marie Perier, Gamma
Primera edición en Colección Booket: marzo de 2005

Depósito legal: B. 6.108-2005
ISBN: 84-270-3089-4
Composición: Víctor Igual, S. L.
Impresión y encuadernación: Litografía Rosés, S. A.
Printed in Spain - Impreso en España

Biografía

Souad es un nombre inventado, una nueva identidad para una joven cisjordana que fue quemada viva por haber cometido un crimen de honor contra su familia: quedar embarazada fuera del matrimonio. Logró sobrevivir, pero está marcada para siempre con salvajes cicatrices en su cuerpo y su alma. Jacqueline Thibault, cooperante de la fundación suiza Surgir, la sacó de su país con su bebé y la ayudó a superar su drama. Juntas decidieron compartir su historia con el mundo.

Índice

EL FUEGO ENCIMA DE MÍ 9

MEMORIA 13

¿HANAN? 29

EL TOMATE VERDE 39

LA SANGRE DE LA NOVIA 57

ASAD 71

EL SECRETO 83

ÚLTIMA CITA 99

EL FUEGO 113

MORIR 117

JACQUELINE 127

SOUAD SE VA A MORIR 143

SUIZA 161

MAROUAN 173

TODO LO QUE FALTA 189

TESTIGO SUPERVIVIENTE 203

JACQUELINE 211

MI HIJO 215

CONSTRUIR UNA CASA 225

El fuego encima de mí

Soy una niña y una niña ha de caminar rápido, con la cabeza agachada, como si contara los pasos que da. No debe levantar la mirada, ni desviarse a derecha o izquierda del camino, puesto que si sus ojos se encontraran con los de un hombre todo el pueblo la llamaría *charmuta*.

Si una vecina ya casada, una anciana o quien sea la viera sola por la calle, sin su madre o su hermana mayor, sin ovejas, ni gavilla de heno ni un cargamento de higos, también la llamarían *charmuta*.

Una muchacha tiene que casarse para poder mirar derecho hacia delante, para entrar en una tienda, depilarse y llevar joyas.

Cuando una niña no se ha casado a la edad de catorce años, como mi madre, en el pueblo empiezan a burlarse de ella. Pero, para poder casarse, una niña tiene que esperar a que le llegue el turno en la familia. Primero le toca a la mayor, luego a las siguientes.

En casa de mi padre somos demasiadas mujeres. Cuatro, todas en edad de casarnos. Hay también dos medio hermanas, nacidas de la segunda mujer de mi padre. Son todavía niñas. El único varón de la familia, el hijo adorado por todos, nuestro hermano Asad, nació gloriosamente entre todas estas mujeres, en cuarto lugar. Yo ocupo el tercero.

Mi padre, Adnan, está disgustado con mi madre, Leila, que le ha dado todas estas hijas. Está también disgustado con su otra esposa, Aicha, que sólo le ha dado niñas.

Noura, la hermana mayor, se casó tarde, cuando yo tenía unos quince años. Kainat, la segunda, no ha sido pedida en matrimonio por nadie. Oí decir que un hombre le había hablado de mí a mi padre, pero que tenía que esperar a la boda de Kainat antes de poder soñar con la mía. Pero quizá Kainat no sea lo bastante bella, o quizá sea un poco demasiado lenta trabajando... Ignoro el motivo por el que nadie la ha pedido en matrimonio, pero si se queda solterona va a ser objeto de las burlas de todo el pueblo, y yo también.

No conocí ni juegos ni placeres desde que mi cerebro es capaz de recordar. En mi pueblo, nacer niña es una maldición. El único sueño de libertad es el matrimonio. Cambiar la casa del padre por la del marido y no regresar nunca más, aunque te maltraten. Que una mujer casada regrese a la casa del padre es una vergüenza. No debe pedir protección fuera de su casa, devolverla a su hogar es el deber de su familia.

Mi hermana fue golpeada por su marido y nos trajo la vergüenza porque regresó a quejarse.

Tiene suerte de tener un marido, yo sueño con ello. Desde que escuché decir que un hombre había hablado de mí con mi padre, la impaciencia y la curiosidad me devoran. Sé que el muchacho vive a tres o cuatro pasos de nuestra casa. A veces puedo verlo desde el terrado donde tiendo la ropa. Sé que tiene coche, va vestido con traje, lleva siempre un maletín, y debe de trabajar en la ciudad, en un buen trabajo, puesto que no va vestido como un obrero, siempre va impecable. Me gustaría ver su cara más de cerca pero siempre tengo miedo de que mi familia me sorprenda espiándolo. Entonces, mientras voy a buscar heno para un cordero enfermo en el establo, camino rápido por el sendero con la esperanza de verlo de cerca. Pero aparca el coche demasiado lejos. A fuerza de observarlo, ya sé más o menos a qué hora sale de casa para irse a trabajar. A las siete de la mañana hago ver que doblo la ropa en el terrado, o que busco un higo maduro, o que sacudo las alfombras para verle ni siquiera un minuto cómo se marcha en su coche. Tengo que actuar rápido para que no me vea.

Subo las escaleras, cruzo las habitaciones para acceder al terrado, sacudo con fuerza una alfombra y miro por encima de la pared de cemento, con la mirada ligeramente desviada hacia la derecha. Así, si alguien me observa de lejos no podrá darse cuenta de que miro hacia la calle.

A veces tengo tiempo de verlo. ¡Estoy enamorada de este hombre y de su coche! En mi terraza me imagino un sinfín de cosas: me veo casada con él y observando, como hoy, su coche alejarse hasta que desaparece, pero volverá de su trabajo al ponerse el sol. Entonces le quitaré los zapatos y de rodillas le lavaré los pies como mi madre le hace a mi padre. Le llevaré su té, lo miraré mientras se fuma su larga pipa, sentado como un rey frente a la puerta de su casa. ¡Seré una mujer con marido!

E incluso podré maquillarme, salir para ir a la tienda, subir en ese coche con mi marido y hasta ir a la ciudad. ¡Soportaría lo peor a cambio de la simple libertad, tantas son las ganas que tengo de cruzar sola esta puerta e ir a comprar el pan!

Pero no seré nunca una *charmuta*. No miraré a los otros hombres, seguiré caminando con la vista al frente, derecha y orgullosa pero sin contar los pasos, con la mirada baja, y en el pueblo no podrán decir nada malo de mí porque estaré casada.

Es aquí, arriba en este terrado, donde empezó mi terrible historia. Ya era más vieja que mi hermana mayor el día de su boda, y esperaba y desesperaba.

Debía de tener unos dieciocho años, o quizá más, no lo sé. Mi memoria se alejó como el humo el mismo día que el fuego cayó sobre mí.

Memoria

Nací en una aldea minúscula. Me han dicho que estaba situada en algún lugar parte de un territorio jordano, y luego trasjordano, y luego cisjordano, pero como no he frecuentado nunca el colegio no sé nada de la historia de mi país. También me han dicho que nací allí en 1958, o en 1957... Por lo tanto, ahora tengo cuarenta y cinco años. Hace veinticinco años sólo sabía hablar árabe, no me había alejado nunca más que a escasos kilómetros de la última casa de mi pueblo, sabía que había pueblos más lejos sin haberlos visto. No sabía si la Tierra era redonda o plana, ¡no tenía ni idea del propio mundo! Sabía que había que odiar a los judíos que se habían apoderado de la tierra, mi padre los llamaba «cerdos». No había que acercarse a ellos, ni hablarles ni tocarlos, porque corríamos el riesgo de convertirnos en cerdos como ellos. Tenía la obligación de rezar mis plegarias al menos dos veces al día, las recitaba como mi madre y mis hermanas, pero no me enteré de la existencia del Corán hasta muchos años más tarde, en Europa. Mi único hermano, el rey de la casa, iba al colegio, pero las niñas no. Nacer niña en mi país es una maldición. Una esposa debe primero tener un hijo, al menos uno, y si sólo tiene hijas la gente se burla de ella. Hacen falta dos o tres hijas como máximo para hacer las labores de la casa, de la tierra y del ganado. Si llegan más niñas son recibidas como una gran desgracia que hay que eliminar lo antes posible. Así viví hasta que tuve más o menos diecisiete años, sin saber nada más que, como era una niña, valía menos que un animal.

Ésa fue mi primera vida, la vida de una mujer árabe en Cisjordania. Duró veinte años, y allí morí. Morí físicamente, socialmente, para siempre.

Mi segunda vida empieza en Europa a finales de los años setenta, en un aeropuerto internacional. Soy un desecho humano que sufre sobre una camilla. Huelo tanto a muerte que los pasajeros del avión que me llevó hasta allí llegan a protestar. Incluso disimulada tras una cortina, mi presencia les resultó insoportable. Me dicen que voy a vivir, pero yo sé bien que no, y espero la muerte. Incluso le suplico que me lleve. La muerte es preferible al sufrimiento y a la humillación. Si ya no queda nada de mi cuerpo, ¿por qué querrán hacerme vivir si yo deseo dejar de existir en cuerpo y alma?

Todavía hoy me asalta esta idea. Hubiera preferido morir, es cierto, que enfrentarme a esta segunda vida que me ofrecían con tanta generosidad. Pero sobrevivir, en mi caso, era un milagro. Me permite ahora testificar en nombre de todas aquellas que no tuvieron esta oportunidad, que mueren todavía hoy por esta única razón: ser mujer.

Tuve que aprender francés escuchando hablar a la gente y esforzándome en repetir las palabras que me explicaban a través de signos: yo respondía, por tanto, «sí» o también con gestos.

Mucho más tarde aprendí a leer palabras en el periódico, con paciencia, día a día. Al principio no entendía más que los anuncios clasificados, o las necrológicas, frases cortas con pocas palabras que yo repetía fonéticamente. A veces tenía la sensación de ser un animal al que enseñaban a comunicarse como un ser humano, mientras en mi cabeza, en lengua árabe, me preguntaba dónde estaba, en qué país, y por qué no me había muerto en mi pueblo. Me avergonzaba de seguir viva y nadie lo sabía. Tenía miedo de esta nueva vida y nadie lo comprendía.

Tenía que decir todo esto antes de empezar a juntar los trozos de mi memoria, puesto que quería que mis palabras quedaran inscritas en un libro.

Tengo una memoria llena de vidas. La primera parte de mi existencia está formada de imágenes, de escenas extrañas y violentas como en una película de la televisión. A veces me llega a ocurrir que ni yo me las creo, de lo que me cuesta volver a ordenarlas en mi cabeza. ¿Es posible, por ejemplo, olvidarse del nombre de una de tus hermanas? ¿De la edad de tu hermano el día que se casó? ¿Y, en cambio, no haber olvidado las cabras, las ovejas, las vacas, el horno de cocer pan, la colada en el jardín, la cosecha de las coliflores y de los calabacines y de los tomates y de los higos... el establo y la cocina... los sacos de trigo y las serpientes? ¿O la terraza desde la cual espiaba a mi amor? ¿O el campo de trigo en el que cometí el «pecado»?

Apenas tengo recuerdos de mi primera infancia. A veces me sorprenden un color o un objeto, y entonces se me aparece una imagen, un personaje, gritos, rostros que se mezclan. A menudo, cuando me preguntan algo, el vacío definitivo se instala en mi cabeza. Busco desesperadamente la respuesta y no la encuentro. O se me aparece de repente otra imagen y no sé a qué corresponde. Pero estas imágenes están impresas y no voy a olvidarlas jamás. Uno no puede olvidar su propia muerte.

Me llamo Souad, soy una niña cisjordana, y me ocupo

con mi hermana de las ovejas y de las cabras porque mi padre tiene un rebaño, y trabajo más que un burro.

Debí de empezar a trabajar hacia los ocho o nueve años, y tuve la primera regla hacia los diez. En nuestro pueblo decimos que una niña está «madura» cuando le ocurre eso. Yo me avergonzaba de esta sangre porque ha de ser disimulada; incluso a ojos de mi madre, tenía que lavar mi *saroual* a escondidas, devolverle su blancor y ponerlo a secar rápidamente al sol, para que los hombres y los vecinos no lo vieran. Yo sólo tenía dos *sarouals*. Recuerdo el papel que servía de protección durante esos días malditos, en los que eres considerada como una apestada. Yo iba a tirar los rastros de mi impureza a escondidas a la papelera. Si me dolía el vientre, mi madre ponía a hervir hojas de salvia y me lo hacía beber. Me envolvía la cabeza con un pañuelo bien apretado y al día siguiente ya no tenía dolor. Es el único medicamento que recuerdo y que todavía hoy sigo utilizando, puesto que es muy eficaz.

Cada mañana voy al establo, silbo con los dedos para que las ovejas se reúnan a mi alrededor y me marcho con mi hermana Kainat, más o menos un año mayor que yo. Las niñas no deben salir solas ni con una hermana más pequeña. La mayor hace de garantía de la pequeña. Mi hermana Kainat es amable, redonda, un poco gorda, mientras que yo soy pequeña y flaca, y nos llevamos bien.

Partíamos las dos al prado con las ovejas y las cabras a un cuarto de hora andando de la aldea, caminando rápido, con la vista hacia el suelo hasta la última casa. Una vez en el prado éramos libres de contarnos tonterías e incluso de reírnos un poco. No recuerdo las grandes conversaciones que teníamos. Se trataba sobre todo de comer queso, de obsequiarnos con una sandía, de vigilar las ovejas y sobre todo las cabras, que eran capaces de comerse todas las hojas de la higuera en un santiamén. Cuando las ovejas se colocaban en círculo para dormir, nosotras también nos dormíamos, a la sombra, corriendo el riesgo de dejar que un animal se perdiera por un campo vecino y de pagar las consecuencias a la vuelta. Si un animal había comido de un huerto vecino, o si nos retrasábamos un poco de regreso al establo, nos ganábamos una paliza a golpes de cinturón.

Para mí, nuestra aldea es bonita y muy verde. Hay muchos higos, uvas, frutas, limones, muchísimos olivos. Mi padre posee él solo la mitad de las parcelas cultivadas de la aldea... no es que sea muy rico, pero tiene bienes. Nuestra casa es grande, de piedra, rodeada de un muro con una gran puerta gris de hierro. Esta puerta es el símbolo de nuestro encierro. Una vez dentro, se cierra detrás de nosotras para impedirnos salir. Es decir, podemos entrar por ella cuando venimos de fuera, pero no volver a salir. ¿Se cierra con una llave? ¿Con un sistema automático? Recuerdo que mi padre y mi madre salían, pero nosotras no. Mi hermano, en cambio, es libre. Es libre como el viento: va al cine, sale, entra por esta puerta, hace lo que quiere. Yo la miraba a menudo, esa maldita puerta de hierro, y me decía: «Jamás podré salir por aquí, jamás».

La aldea no la conozco demasiado, puesto que no tenemos permiso para salir. Si cierro los ojos para concentrarme y hago muchos esfuerzos, puedo decir lo que vi de ella. Está la casa de mis padres, y luego lo que yo llamo la casa de los ricos un poco más lejos, del mismo lado. Enfrente está la casa de mi enamorado. Tan sólo cruzar el camino y ahí está, la veo desde el terrado. Veo también unas cuantas casas dispersas, pero no sé cuántas, pero muy pocas. Están rodeadas por muretes o por verjas de hierro, y la gente tiene huertos como nosotros. No he visitado nunca la aldea entera. Sólo salgo de casa para ir al mercado con mi padre y mi madre, o al prado con mi hermana y las ovejas, eso es todo.

Hasta los diecisiete o dieciocho años no vi nada más. No entré ni una sola vez en la tienda del pueblo, cerca de mi casa, pero cuando pasábamos con la camioneta de mi padre para ir al mercado veía al tendero siempre de pie frente a su puerta, fumando cigarrillos. Hay dos pequeños peldaños frente a su tienda: a la derecha la gente va a comprar cigarrillos, periódicos y bebidas, sólo los hombres; a la izquierda están las frutas y las verduras.

Hay también otra casa en este mismo lado del camino, donde vive una mujer casada con cuatro hijos, pero ella puede salir. Puede entrar en la tienda, y la veo de pie en las escaleras, al lado de las verduras, con unas bolsas de plástico transparentes.

Alrededor de nuestra casa había mucho terreno. Habíamos plantado calabacines, calabazas, coliflores y tomates, muchas verduras. Con la casa de al lado teníamos los huertos contiguos, tan sólo separados por un murete que se podía saltar, pero nadie de nosotros lo hacía. Estar encerradas era lo normal. A una niña de la casa no se le ocurría nunca franquear esta barrera simbólica. ¿Para ir dónde? Una vez en la aldea, en el camino, enseguida la verían, y su reputación y el honor de su familia quedarían destruidos.

Yo lavaba la ropa en el interior de ese huerto. Había un pozo en una de las esquinas, y yo hacía calentar agua en un barreño, sobre un fuego de leña. Cogía un haz de la reserva, partía yo misma las ramas con la rodilla y costaba bastante tiempo calentar el agua... ¡un buen rato! Pero yo hacía otras cosas mientras esperaba: barría, fregaba el suelo, cuidaba las verduras del huerto. Luego hacía la colada a mano y subía a tenderla al sol en el terrado.

La casa era moderna, muy confortable, pero en el interior no teníamos agua caliente para el lavabo ni para la cocina. Había que calentarla fuera y acarrearla. Más tarde mi padre hizo instalar agua caliente, y había hecho traer una bañera con ducha. Todas las niñas utilizábamos la misma agua para lavarnos, mi hermano era el único que tenía el privilegio de tener agua para él solo, y, por supuesto, también mi padre.

De noche dormía con mis hermanas, en el suelo, sobre una piel de lana de oveja. Cuando hacía mucho calor dormíamos en las terrazas, alineadas bajo la luna. Las niñas estábamos una al lado de la otra en un rincón. Los padres y mi hermano en otro.

La jornada de trabajo empezaba pronto. Hacia las cuatro de la mañana, cuando amanecía, si no era antes, mi padre y mi madre se levantaban. En la estación del trigo, nos llevábamos comida y nos poníamos todos a trabajar, mi padre, mi madre, mis hermanas y yo. En la estación de los higos empezábamos también muy pronto. Había que recogerlos uno a uno, sin dejar ninguno, ponerlos en cajas, y mi padre se los llevaba al mercado. Había media hora larga de trayecto con el burro y se llegaba a una pequeña aldea, realmente pequeña, de la cual he olvidado el nombre, si es que alguna vez lo supe... La mitad del mercado, a la entrada de la aldea, estaba reservada para su producción, y había comerciantes que se ocupaban de venderla. Para comprar ropa había que ir hasta un pueblo un poco más grande y coger el autocar. Pero las niñas no íbamos nunca. Mi madre iba con mi padre. Así sucedía: ella compra con mi padre y luego le da un vestido a cada hija. Nos guste o no, nos lo tenemos que poner. Ni mis hermanas, ni yo, ni tan siquiera mi madre teníamos nada que decir. Era o eso o nada.

Teníamos pues vestidos largos, de manga corta, hechos de un género de algodón gris, una ropa muy cálida que picaba en la piel. El cuello era bastante alto, bien cerrado. Pero a veces teníamos que ponernos una camisa o un jersey por encima, según la estación, de manga larga. A menudo hacía tanto calor que te ahogabas, pero las mangas eran obligatorias. Enseñar un poco de brazo o de pierna, y todavía peor un poco de escote, es vergonzoso. Íbamos todo el día descalzas, nunca llevábamos zapatos, excepto a veces las mujeres casadas.

Yo llevaba un *saroual* bajo ese vestido largo y abrochado hasta el cuello. Es un pantaloncito gris o blanco, muy holgado, y debajo además unas bragas grandes como un *short,* que cubrían toda la barriga. Todas mis hermanas se vestían así.

Mi madre vestía a menudo de negro. Mi padre llevaba un *saroual* blanco, una camisa larga, y en la cabeza el fular rojo y blanco de los palestinos.

¡Mi padre! Puedo verlo sentado delante de casa, en el suelo bajo un árbol, con su bastón cerca. Es bajito, tiene la tez muy blanca con manchas rojas, la cabeza redonda y unos ojos azules llenos de maldad. Un día se rompió una pierna al caer del caballo y las niñas estábamos muy contentas porque así no nos podía perseguir con el cinturón para darnos palizas. Si hubiera muerto todavía nos habríamos puesto más contentas.

Lo recuerdo bien, a ese padre. Jamás podría olvidarlo, como si tuviera su retrato en la cabeza. Está sentado delante de la casa, como un rey frente a su palacio, con su pañuelo rojo y blanco que le disimula el cráneo rojo y calvo, lleva el cinturón y tiene el bastón apoyado encima de la pierna doblada. Lo veo con claridad, ahí está, tan pequeño y lleno de maldad, sacándose el cinturón... y grita: «¿¡Por qué han vuelto solas, las ovejas!?».

Me tira de los pelos y me arrastra por los suelos hasta la cocina. Me pega mientras yo estoy de rodillas, me tira de la trenza como si quisiera arrancármela y luego me la corta con unas enormes tijeras de cortar lana. Y ya no tengo pelo. Por mucho que llore, grite o suplique, lo único que consigo es que me dé más patadas. Es mi culpa.

Me he quedado dormida con mi hermana porque hacía demasiado calor, y he dejado escapar a las ovejas. Nos pega tan fuerte con su bastón que a veces no puedo ni acostarme, ni sobre el lado derecho ni sobre el izquierdo, tan intenso es el dolor. Con el cinturón o con el bastón, creo que nos pegaba cada día. Un día sin recibir una paliza no era en absoluto normal.

Quizá fuera esta vez cuando nos ató a las dos, a Kainat y a mí, con las manos a la espalda, las piernas atadas y con un pañuelo en la boca para que no pudiéramos gritar. Nos dejó así toda la noche, atadas a una barrera en el establo grande, con los animales, pero peor que animales.

Era así la vida en la aldea. La ley de los hombres. Seguro que las niñas y las mujeres recibían palizas a diario también en las otras casas. Escuchábamos gritos de fuera porque era normal ser golpeadas, que nos afeitaran la cabeza, o que nos ataran a una estaca del establo. No había otra manera de vivir.

Mi padre es el rey, el hombre todopoderoso, el que posee, el que decide, el que nos pega y nos tortura. Y fuma tranquilamente la pipa frente a su casa, con sus mujeres encerradas, a las que trata peor que a las bestias. El hombre toma a una mujer para tener hijos, para que le sirva de esclava como las niñas que vendrán, si tiene la desgracia de parirlas.

A menudo miraba a mi hermano, a quien toda la familia adoraba como yo, y pensaba: «¿Qué tiene él que no tenemos nosotras? Si ha salido del mismo vientre que yo...». Y no encontraba la respuesta. Las cosas eran así. Teníamos que servirle como a mi padre, arrastrándonos, con la cabeza agachada.

Veo la bandeja del té. Hasta esta bandeja del té hay

que llevársela a los hombres de la familia arrastrándose, contando los pasos con la espalda encorvada y en silencio. Sin hablar. Sin responder a las preguntas. Al mediodía, arroz dulce, verduras con pollo o cordero. Y siempre pan. Siempre tenemos qué comer. A la familia nunca le falta de nada a la hora de comer.

Hay mucha fruta. Las uvas tan sólo tengo que recogerlas en el terrado. Hay naranjas, plátanos y sobre todo higos, verdes y negros. Por la mañana, cuando salíamos a recogerlos a primera hora, es un recuerdo que no olvidaré jamás. Están un poco abiertos por el frío de la noche y segregan un jugo dulce como la miel, la más pura de las delicias.

Lo que más trabajo da son las ovejas. Sacarlas, llevarlas al campo, vigilarlas, volver a traerlas, cortarles la lana que mi padre venderá en el mercado. Cojo a la oveja por las patas, la tumbo en el suelo, la ato y corto con las enormes tijeras de la lana. Son demasiado grandes para mis manos y al cabo de un rato me duelen mucho.

Y ordeño las cabras, sentada en el suelo. Aprieto las patas entre mis piernas y extraigo la leche para hacer el queso. También dejamos enfriar la leche y luego nos la bebemos tal cual, grasa y nutritiva.

En casa de mi padre, el huerto nos da casi todo lo necesario para comer. Y lo hacemos todo nosotros mismos. Mi padre tan sólo compra el azúcar, la sal y el té.

Por la mañana hago té para las niñas, preparo un poco de aceite de oliva en un plato, con aceitunas al lado, y caliento el agua en una olla colocada sobre la brasa del horno del pan. Las hojas secas de té verde están en un saco de tela beis en el suelo, en un rincón de la cocina. Mi mano se hunde en el saco, tomo un puñado y lo meto en la tetera; añado el azúcar y regreso a buscar la olla hirviendo fuera, en el huerto. Pesa mucho y me cuesta llevarla por las dos asas. Con la espalda encorvada para no quemarme, vuelvo a la cocina y meto el agua en la tetera, poco a poco, sobre el té y el azúcar. Ese azúcar tan precioso y caro. Sé que si se me caen algunos granos al suelo, recibo una paliza. Por tanto, lo hago con mucho cuidado. Si hago una torpeza no tengo que barrerlo, sino que tendré que recoger los granitos uno a uno y volverlos a echar en la tetera. Luego mis hermanas vienen a comer, pero el padre, la madre y el hermano no están nunca con nosotras. En esta imagen del té que tomamos por las mañanas, sentadas en el suelo de la cocina, no veo nunca más que hermanas. Intento situar mi edad, pero me resulta difícil. ¿Todavía no se había casado Noura, la mayor?

Soy incapaz de ordenar mis recuerdos en función de mi edad, pienso que mi memoria es aproximada en uno o dos años, y es más clara en el momento de la boda de Noura. Calculo que en aquella época tenía quince años.

Quedaba, pues, en casa, mi hermana Kainat, un año mayor que yo y todavía soltera, y otra hermana que viene después de mí, cuyo nombre se me escapa. Por mucho que lo busco en mi memoria, no puedo recuperarlo. Para hablar de ella tengo que ponerle un nombre, la voy a llamar Hanan, pero que me perdone, porque seguramente no es su nombre de verdad. Sé que se encargaba de cuidar a mis dos medio hermanas, que mi padre había llevado a casa después de abandonar a su segunda esposa, Aicha. Había visto a esa mujer y no me inspiraba ningún odio. Que mi padre la hubiera tomado era algo normal. Él siempre quiso tener hijos, pero con Aicha tampoco funcionó, puesto que sólo le dio niñas, ¡siempre niñas! Entonces la abandonó y trajo a mis dos nuevas hermanas pequeñas a casa. Era lo normal. Todo era normal en esta vida, incluidos los bastonazos y todo lo demás. Y no era capaz de imaginar una vida distinta. De hecho, no me imaginaba nada de nada. Creo que en mi cabeza no había sueños, ni ideas precisas. No teníamos ningún juguete, ningún juego, sólo la obediencia y la sumisión.

En cualquier caso, esas dos hermanas pequeñas vivían ahora con nosotros. Hanan se queda en casa para ocuparse de ellas, y de eso estoy segura. Pero sus nombres, por desgracia, también han quedado en el olvido. Yo siempre las llamo «las hermanas pequeñas»... En mis primeros recuerdos tienen cinco y seis años y todavía no trabajan. Están al cuidado de Hanan, que raras veces sale de casa, salvo en caso de necesidad, para la cosecha de las verduras cada temporada.

En casa los hijos van seguidos con intervalos de un año, más o menos. Mi madre se casó a los catorce años, mi padre era bastante mayor que ella. Tuvo muchos hijos. Catorce en total. Han sobrevivido cinco. Durante mucho tiempo no fui consciente de lo que catorce hijos significaba... Un día, el padre de mi madre hablaba de eso, mientras yo servía el té. Todavía oigo el comentario dentro de mi cabeza: «Por fortuna te casaste joven, pudiste tener catorce criaturas... ¡Y tener un niño está muy bien!».

Aunque no iba al colegio, yo sabía contar las ovejas. Podía, pues, contar con las manos que sólo éramos cinco hijos salidos del vientre de mi madre: Noura, Kainat, yo, Souad, Asad y Hanan. ¿Dónde estaban los demás? Mi madre no decía nunca que estaban muertos, pero era un hecho admitido dentro de su expresión habitual: «Tengo catorce hijos, siete están vivos». Si admitimos que cuenta con nosotros a las dos medio hermanas, puesto que no las llamamos nunca medio hermanas, sino «hermanas»... éramos, efectivamente, siete. ¿Entonces faltaban siete más? Y si admitíamos que no contaba a las dos pequeñas, ¿faltaban nueve?

Sin embargo, un día vi por qué en casa sólo éramos siete, o cinco...

No sabría decir qué edad, pero no estaba todavía madura, así que tenía menos de diez años. Noura, la mayor, está conmigo. He olvidado muchas cosas, pero no lo que vi con mis ojos, aterrada, aun sin ser consciente de que se trataba de un crimen.

Veo a mi madre tumbada en el suelo sobre una piel de cordero. Está pariendo y mi tía Salima está con ella. Oigo los gritos, los de mi madre y los del bebé, y rápidamente mi madre coge la piel de cordero y asfixia al bebé. Está de rodillas, veo moverse al bebé bajo la manta, y entonces se acaba. Ya no sé lo que ocurre a continuación, el bebé ya no está, eso es todo, y un miedo terrible me deja estupefacta.

Era, pues, una niña a la que mi madre asfixiaba nada más nacer. La vi hacerlo una primera vez, y una segunda, y no estoy segura de haber asistido a una tercera, pero me enteré. Oigo también a mi hermana Noura decirle a mi madre: «Si tengo hijas haré lo mismo que tú».

De modo que así es como mi madre se deshizo de las cinco o siete hijas que tuvo además de nosotras, en concreto después de Hanan, la última superviviente. Era algo admitido, normal, que no debía representar un problema para nadie. Ni siquiera para mí, al menos así lo creí la primera vez, aunque hubiera tenido tanto miedo.

Estas pequeñas a las que mi madre mataba eran un poco yo. Empecé a esconderme para llorar cada vez que mi padre mataba un cordero o un pollo, puesto que temía por mi vida. La muerte de un animal, como la de un bebé, tan sencillas y normales para mis padres, disparaban en mí el terror de que me tocara desaparecer como ellos, de forma igualmente rápida y sencilla. Y me decía: «Un día me va a tocar a mí, o a mi hermana, nos pueden matar cuando ellos quieran. Grande o pequeña, no hay ninguna diferencia. Puesto que ellos nos dan la vida, también tienen derecho a quitárnosla».

En mi aldea, mientras vives en casa de tus padres, el miedo a la muerte está siempre presente. Me da miedo subir a una escalera cuando está mi padre. Me da miedo el hacha que sirve para cortar leña, miedo el pozo al que voy a buscar el agua. Siento miedo cuando mi padre vigila el regreso de las ovejas al establo con nosotras. Temo los portazos que oigo de noche, y sentir que me asfixian con la piel de cordero que me sirve de cama.

A veces, mientras volvemos del prado con el ganado, Kainat y yo hablamos un poco de eso:

—¿Y si cuando volvamos todos están muertos? ¿Y si nuestro padre ha matado a nuestra madre? ¡Con una pedrada bastaría! ¿Qué haríamos?

—Yo rezo cada vez que voy a buscar agua al pozo, porque es tan profundo. ¡Me digo que si me tiran dentro nadie sabrá lo que me ha ocurrido! Te puedes morir allá en el fondo, y nadie vendrá a sacarte.

Era lo que me daba más miedo, el pozo. Y a mi madre también, yo lo notaba. También me daban miedo los precipicios cuando volvíamos con las cabras y las ovejas. Miraba a mi alrededor con la idea de que mi padre podía esconderse en cualquier lugar, y que iba a empujarme al vacío. Para él era fácil, y una vez en el fondo del precipicio, yo ya estaría muerta. Incluso podían echar unas cuantas piedras encima de mí, así estaba en la tierra y allí me quedaba.

La posible muerte de nuestra madre nos preocupaba más que la de una hermana. Si era una hermana, teníamos otras... A menudo le pegaba como a nosotras. A veces intentaba defendernos si nos pegaba demasiado fuerte, entonces él le daba una paliza, la tiraba al suelo, le tiraba de los pelos... Nuestra vida cotidiana era una muerte posible, día tras día. Podía llegarnos por nada, por sorpresa, sencillamente porque el padre lo había decidido. Como mi madre decidía asfixiar a los bebés que nacían niñas.

Estaba embarazada y, de pronto, ya no lo estaba, nadie preguntaba nada. Nosotras no teníamos contacto con las otras niñas de la aldea. Sólo nos decíamos hola y adiós. No estábamos nunca juntas, excepto en las bodas. Y las conversaciones eran banales. Hablábamos sobre la comida, sobre la novia, sobre otras niñas que encontrábamos guapas o feas... de una mujer que tenía mucha suerte porque iba maquillada.

—Mira, ésa de ahí se ha depilado las cejas...

—Lleva un peinado muy bonito.

—¡Ah, aquélla lleva zapatos!

Era la niña más rica del pueblo, llevaba babuchas bordadas. Nosotras salíamos descalzas al campo, nos clavábamos espinas en los pies y nos teníamos que sentar en el suelo para arrancárnoslas. Mi madre no tenía zapatos, mi hermana Noura se casó descalza. Era la base de las pocas frases que intercambiábamos en las bodas, y yo no fui más que a dos o tres ceremonias.

Era impensable que nos quejáramos de las palizas, puesto que eran normales. Impensable hablar de bebés vivos o muertos, excepto si una mujer acababa de tener un niño. Si el niño estaba vivo, gloria a ella y a su familia. Si había muerto, se le lloraba, desgracia para ella y para su familia. Se cuentan los machos, no las hembras.

No sé, pues, lo que les ocurría a los bebés niña después de que mi madre las asfixiara. ¿Eran enterradas en algún lugar? ¿Las echaban para que se las comieran los perros?... Mi madre se vestía de negro, mi padre también. En mi familia, cada vez que nacía una niña era como un entierro. Era culpa de mi madre, si sólo paría niñas. Mi padre así lo creía, como todos en el pueblo.

En mi aldea, si un hombre debía elegir entre una niña y una vaca, elegía la vaca. Mi padre repetía sin cansarse que nosotras no servíamos para nada: «Una vaca te da leche, te da terneros. ¿Qué hacemos con la vaca y los terneros? Los vendemos. Traemos dinero a casa, lo cual significa que la vaca presta un servicio a la familia. Pero ¿y una niña? ¿Qué servicio presta a la familia una niña? Nada de nada. Los corderos ¿qué traen a la casa? Lana. Vendemos la lana y traemos dinero a casa. La oveja crece, pare a otros corderos, da más leche, hacemos quesos, los vendemos, y traemos más dinero a la casa. Una vaca o una oveja es mejor que una niña».

Nosotras las niñas estábamos convencidas. Por otro lado, a la vaca, a la oveja y al cordero se los trataba mejor que a nosotras. ¡No se le pegaba nunca a una vaca o a una oveja!

Y estábamos convencidas también de que una niña es un problema para su padre, que siempre teme no poder casarla. Cuando está casada, la miseria y la vergüenza vienen si abandona a su marido que la maltrata por haberse atrevido a regresar a casa de sus padres. Y mientras todavía no se ha casado, el padre teme que se quede solterona porque entonces en el pueblo van a hablar, y eso es un drama para toda la familia. Si una solterona anda por el pueblo con su padre y su madre, todo el mundo la mira y se burla de ella. Si ha cumplido veinte años y sigue en casa de sus padres, eso no es normal. Todos admiten la regla de la boda de la mayor y de las siguientes por orden de edad. Pero, una vez cumplidos los veinte años, ya nadie admite nada. No sé lo que ocurría más allá, en las ciudades de mi país, pero en mi pueblo las cosas eran así.

Cuando desaparecí de mi aldea, mi madre debía de tener menos de cuarenta años. Había parido a doce o catorce niños. Le quedaban cinco o siete. ¿Había asfixiado al resto? Eso no tenía importancia. Era, simplemente, lo normal.

¿Hanan?

Estaban el temor a la muerte y la puerta de hierro, cerrada sobre nuestra existencia de niñas supervivientes, sumisas. Mi hermano Asad se marchaba al colegio con una cartera. Mi hermano Asad montaba a caballo, salía a pasear. Mi hermano Asad no comía con nosotras. Crecía como debe crecer un hombre, libre y orgulloso, atendido como un príncipe por las niñas de la casa. Y yo le adoraba como a un príncipe. Calentaba el agua para bañarlo cuando era todavía pequeño, le lavaba la cabeza, lo cuidaba como si fuera un tesoro de valor incalculable. No sabía nada de su vida fuera de casa, ignoraba lo que aprendía en aquel colegio, lo que hacía en la ciudad. Nosotras esperábamos a que tuviera la edad de casarse: ¡el matrimonio es lo único que importa en una familia, junto al nacimiento de un hijo!

Asad era guapo. Estábamos tan unidos el uno al otro como era posible estarlo en mi familia mientras fue un niño. Con un año de diferencia, el hecho de ser su hermana inmediatamente mayor me dio durante un tiempo la oportunidad de estar a su lado. No recuerdo haber jugado con él de la manera que juegan los niños de esa edad en Europa. Con catorce o quince años era ya un hombre y se me escapó. Creo que se casó muy pronto, probablemente hacia los diecisiete años. Se volvió violento. Mi padre lo odiaba. No conozco el motivo... quizá se le parecía demasiado. Temía que le quitara el poder un hijo convertido en adulto. Ignoro la procedencia de la cólera que había entre ellos, pero un día vi cómo mi padre recogía un cesto del pan, lo vaciaba y luego lo llenaba de piedras; luego subió al terrado y se lo tiró a Asad a la cabeza, como si hubiera querido matarlo.

Cuando se casó, Asad vivió con su esposa en una parte de la casa. Colocó un armario contra la puerta para impedir que mi padre pudiera entrar en su casa. Pronto comprendí que la violencia entre los hombres de mi pueblo viene de muy lejos. El padre se la transmite al hijo, y éste a su vez la sigue transmitiendo al infinito.

No he vuelto a ver a mi familia desde hace veinticinco años, pero, si por una casualidad extraordinaria me volviera a encontrar a mi hermano, me gustaría preguntarle una sola cosa: «¿Dónde está la hermana desaparecida a la que llamo Hanan?».

Hanan... La veo muy morena. Una muchacha bella, más guapa que yo, con mucho pelo y físicamente más madura. Recuerdo que Kainat era dulce y tranquila, un poco demasiado gorda, y que Hanan tenía un carácter distinto, un poco brusco, menos sumisa que nosotras. Tenía unas pestañas muy espesas que se unían por encima de los ojos. No era gorda, pero daba la sensación de que podría llegar a tener un cuerpo muy fuerte, un poco redondo. No era una chica delgada como yo. Cuando venía a ayudarnos a recoger las aceitunas trabajaba con lentitud, se movía con lentitud. Eso no era lo acostumbrado en mi familia: caminábamos rápido, trabajábamos rápido, corríamos a obedecer, a sacar a los animales o a volver a encerrarlos. Ella no era lo bastante activa, sino más bien soñadora y nunca demasiado atenta a lo que le decían. Si estábamos recogiendo aceitunas, por ejemplo, a mí ya me dolían las puntas de los dedos de haber llenado un canasto entero mientras que ella todavía no había ni cubierto el fondo del suyo. Entonces yo daba media vuelta para ayudarla. Si se quedaba la última de todas, entonces tendría problemas con mi padre. Nos recuerdo en fila en el campo de olivos. Avanzamos agachadas en una misma fila al ritmo de la cosecha. Cuando una mano está llena echamos las aceitunas en el canasto y avanzamos así hasta que las aceitunas casi lo desbordan, entonces vamos a meterlas en los grandes sacos de tela. Cada vez que vuelvo hacia atrás veo a Hanan siempre atrasada, con el gesto lento, como al ralentí. Es realmente distinta de los demás, y no recuerdo haber hablado con ella, ni haberme ocupado especialmente de ella, excepto para ayudarla a recoger aceitunas cuando era necesario. O recogerle la cabellera tan espesa en una gruesa trenza, como ella debía de hacerlo conmigo. No la veo con nosotras en el establo, no la recuerdo ordeñando las vacas, ni cortando la lana de las ovejas... más bien en la cocina, ayudando a mi madre. Quizá sea por eso que había casi desaparecido de mi memoria. Sin embargo, yo contaba una y otra vez, esforzándome para meternos por orden de nacimiento: Noura, Kainat, Souad, Asad, ¿y...? Mi cuarta hermana ya no existía, había perdido hasta su nombre. Incluso a veces me ocurre que no sé quién nació antes. Estaba segura respecto a Noura, respecto a Asad, pero todavía hoy no estoy segura respecto a Kainat y a mí. En cuanto a esa a la que llamo Hanan, lo peor para mí es que no me planteé el asunto de su desaparición durante muchos años.

La he olvidado profundamente, como si una puerta de hierro se hubiera cerrado sobre esta hermana de mi sangre, haciéndola totalmente invisible a los ojos de mi memoria, tan emborronada.

Hace un tiempo, sin embargo, surgió una imagen brutal, una visión atroz se impuso en mi cabeza. Alguien, en una reunión de mujeres, me enseñó la foto de una niña muerta, tumbada en el suelo, estrangulada por un cable negro, el cable de un teléfono. Tuve la impresión de haber visto ya alguna vez algo similar. Esta foto me hizo sentir incómoda, no sólo por esta desgraciada chica asesinada, sino porque yo intentaba como por entre la niebla «ver» algo que me afectaba. Y al día siguiente, extrañamente, mi memoria se despertó de golpe. ¡Yo estaba allí! ¡Yo lo había visto! ¡Sabía cuándo aquella hermana, Hanan, había desaparecido!

Desde entonces vivo con esta nueva pesadilla en la cabeza, y me pone enferma. Cada recuerdo concreto, cada escena de mi existencia pasada que recupero brutalmente al azar me hace enfermar. Quisiera olvidar totalmente todas esas cosas horribles y, a lo largo de veinte años, lo había conseguido de manera inconsciente. Pero, para dar testimonio de mi vida de niña y de mujer en mi país, me siento obligada a sumergirme en el interior de mi cabeza como si fuera el fondo del pozo que tanto miedo me daba antaño. Y todos estos fragmentos de mi pasado que afloran a la superficie me parecen ahora tan horribles que me cuesta creerlos. A veces me sorprendo a mí misma preguntándome en voz alta: «¿Realmente viví todas estas cosas?».

Existo, he sobrevivido. Otras mujeres lo han vivido y lo siguen viviendo todavía en el mundo. Me gustaría olvidar, pero somos tan pocas las supervivientes que podemos hablar que mi deber es dar testimonio y revivir aquellas pesadillas.

Estoy en la casa y oigo gritos, luego veo a mi hermana sentada en el suelo, gesticulando con los brazos y las piernas, y mi hermano Asad inclinado encima de ella, con los brazos abiertos. Recuerdo esta imagen como si la hubiera visto ayer. Yo estoy tan pegada a la pared que me gustaría fundirme con ella, desaparecer. Estoy con mis dos hermanas pequeñas, delante de ellas para protegerlas. Las sujeto por el pelo para que no se muevan. Asad ha debido vernos u oírnos llegar, y grita: «¡Rouhi! ¡Rouhi! ¡Lárgate, lárgate!».

Corro hacia la escalera de cemento que conduce a las habitaciones arrastrando a mis dos hermanas. Una de las pequeñas tiene tanto miedo que tropieza y se lastima una pierna, pero yo la obligo a seguirme. Me tiembla todo el cuerpo. Nos encerramos en una habitación y consuelo a la pequeña. Intento curarle la rodilla y permanecemos allí, las tres juntas, mucho tiempo, sin hacer ruido. No puedo hacer nada, absolutamente nada más que quedarme en silencio, con esta visión del horror.

Mi hermano estrangula a mi hermana... Ella debía de estar junto al teléfono y él ha llegado por detrás a estrangularla... Está muerta, estoy segura de que está muerta.

Ese día ella llevaba un pantalón blanco holgado, con una camisa larga hasta las rodillas. Iba descalza. Vi cómo agitaba las piernas, vi los brazos que golpeaban a mi hermano en la cara mientras él gritaba: «¡Lárgate!».

El teléfono era negro, me parece. Estaba colocado en el suelo en la sala principal, con un hilo muy largo. Ella debía de estar llamando, pero ignoro a quién y por qué. No sé lo que yo hacía antes de ocurrir esto, ni dónde estaba, ni lo que Hanan pudo haber hecho, pero no hay nada en su comportamiento, según mis conocimientos, que justifique que mi hermano la quisiera estrangular. No comprendo lo que ocurre.

Permanecí en la habitación con las pequeñas hasta que regresó mi madre. Había salido, y mi padre con ella. Asad estaba solo con nosotras. Durante mucho tiempo intenté explicarme por qué no había nadie más que él y nosotras en casa. Y luego los recuerdos se encadenaron.

Ese día mis padres habían ido a ver a la mujer de mi hermano a casa de sus padres, en donde ella se había refugiado porque él la había golpeado, aun estando embarazada. Éste es el motivo por el cual mi hermano estaba en casa solo con nosotras. Y debía de estar furioso, como cualquier hombre que sufriera tal afrenta. Como de costumbre, yo no tenía más que retazos de información sobre lo que ocurría. Una muchacha no asiste a las reuniones de familia cuando hay conflictos. Se la mantiene apartada. Más tarde supe que mi cuñada había tenido un aborto y supongo que sus padres acusaron a mi hermano de ser el responsable. Pero aquel día no había ninguna conexión entre los dos acontecimientos. ¿Qué hacía Hanan junto al teléfono? Lo utilizábamos muy poco. Yo misma debí de utilizarlo dos o tres veces para hablar con mi hermana mayor, mi tía o la mujer de mi hermano. Si Hanan estaba llamando a alguien, era a un miembro de la familia, por fuerza.

¿Desde cuándo estaba aquel teléfono en casa? No debía de haber muchos en el pueblo en aquella época... Mi padre había modernizado la casa. Teníamos cuarto de baño con agua caliente, y también teléfono...

Cuando regresaron mis padres, sé que mi madre habló con Asad. La veo llorar, pero ahora sé que fingía. Ahora soy realista y sé cómo funcionan las cosas en mi país. Sé por qué se mata a las niñas. Sé cómo ocurre. Hay una reunión de familia que lo decide y, el día fatal, los padres no están nunca presentes. Sólo el elegido para matar a la niña está con ella.

Mi madre no lloraba de verdad. ¡No lloraba! Era una película. Sabía obligatoriamente por qué mi hermano había estrangulado a mi hermana. De lo contrario, ¿por qué iba a salir el mismo día con mi padre y Noura? ¿Por qué nos dejó solas en casa con Asad? Lo que ignoro es el motivo de la condena de Hanan. Debió de cometer un pecado, pero no sé cuál. ¿Salir sola? ¿La habrían visto hablar con algún hombre? ¿La habría denunciado algún vecino? Hace falta tan poco para que se considere a una muchacha *charmuta,* que ha llevado la vergüenza sobre su familia y que debe morir para lavar el honor no sólo de los padres y de su hermano, sino del pueblo entero.

Mi hermana era más madura que yo, aunque fuera más joven de edad. Debió de haber cometido una imprudencia que yo desconocía. Las niñas no se hacen confidencias. Temen demasiado hablar, incluso entre hermanas. Algo sé de eso, puesto que yo también me callé...

Yo quería mucho a mi hermano. Todas le queríamos porque era el único hombre de la familia, el único protector después de mi padre. Si el padre muere, es él quien dirige la casa, y si él también muere, si ya sólo quedan mujeres, la familia está perdida. Se acaban las ovejas, la tierra, todo. Lo peor que le puede ocurrir a una familia es perder al único hermano; ¿cómo vivir sin un hombre? Es el hombre quien hace su ley y nos protege, es el hijo el que ocupa el lugar de su padre y casa a sus hermanas.

Asad era violento como mi padre. Era un asesino, pero, en mi país, esta palabra pierde todo su sentido cuando se trata de matar a una mujer. El hermano, o el cuñado, o el tío, da igual, tienen la misión de preservar el honor de la familia. Tienen derecho sobre la vida o la muerte de sus mujeres. Si el padre o la madre le dice al hijo: «Tu hermana ha pecado, tienes que matarla...», él lo hace por honor, es la ley.

Asad era nuestro hermano adorado. Una vez se cayó del caballo (le gustaba mucho pasear a caballo). El caballo resbaló y él cayó. Lloramos tanto, todavía me acuerdo. Yo me desgarré el vestido de la pena, me arranqué el pelo.

Por suerte no fueron heridas graves y conseguimos curarle. Pero cuando nuestro padre se rompió la pierna, estábamos tan contentas que hubiéramos podido bailar de alegría. Y todavía hoy me resulta imposible darme cuenta de que Asad es un asesino. La visión de mi hermana estrangulada es una auténtica pesadilla, pero en aquel momento yo no podía tenérselo en cuenta. Lo que había hecho era normal, había tenido que acceder a hacerlo por deber, porque era algo necesario para toda la familia. Y yo le quería.

No sé lo que hicieron con Hanan. En cualquier caso, desapareció de la casa. La olvidé. No comprendo muy bien por qué. Después del miedo, seguramente se impuso la lógica de mi vida en aquel entonces, las costumbres, la ley, todo lo que nos obliga a vivir estas cosas «con normalidad». Sólo se convierten en crímenes y en horrores en otro lugar, en Occidente, en otros países en los que las leyes son distintas. Yo misma debía morir, y el hecho de sobrevivir por milagro a la ley consuetudinaria me perturbó durante mucho tiempo. Ahora adivino que debí de haber sufrido una conmoción tan grande que me provocó amnesia sobre ciertos acontecimientos. Fue un psiquiatra quien me lo dijo.

Así es como Hanan desapareció de mi vida y de mis recuerdos. Quizá la enterraron junto a los otros bebés. Quizá la incineraron, la enterraron bajo una piedra o bajo tierra en el campo. ¿O quizá la dieron a los perros? No lo sé. Veo claro en la mirada de la gente de aquí, cuando les hablo de mi vida de allá, que les cuesta comprender. Me hacen preguntas que ellos encuentran lógicas: «¿Vino la policía?», «¿no hay nadie a quien le inquieten las desapariciones?», «¿qué dice la gente del pueblo?».

Jamás he visto a la policía. Que desaparezca una mujer no tiene ninguna importancia. Y la gente del pueblo está de acuerdo con la ley de los hombres. Si no se mata a una muchacha que ha deshonrado a su familia, la gente de la aldea rechaza a esa familia, ya nadie quiere hablar con ellos, ni comerciar con ellos, ¡la familia tiene que marcharse! Entonces...

Visto desde aquí, mi hermana corrió peor suerte que yo. Pero tuvo suerte porque murió. Al menos, ella no sufre.

Los gritos de mi hermana todavía los puedo oír, ¡gritaba tanto! Kainat y yo temimos por nuestras vidas durante un tiempo. Cada vez que veíamos a mi padre, a mi hermano o a mi cuñado, teníamos miedo de que nos hicieran algo. Y a veces no conseguíamos dormir. De noche me despertaba a menudo. Sentía la amenaza permanentemente sobre mí. Asad estaba siempre enfadado, violento. No le dejaban ir a ver a su mujer: había salido del hospital para regresar directamente a casa de sus padres porque le había pegado demasiado. Sin embargo, luego volvió a vivir con él, es la ley. Y le dio más hijos, niños, por suerte. Estábamos orgullosas de él, lo seguíamos queriendo mucho, aunque le tuviéramos miedo. Lo que no entiendo es por qué odiaba a mi padre tanto como quería a mi hermano, y sin embargo, en realidad, eran muy parecidos.

Si me hubiera casado en mi aldea y hubiera tenido niñas, si Asad hubiera tenido que estrangular a una de mis hijas, yo hubiera actuado como las otras mujeres, lo hubiera aceptado sin rechistar. Aquí resulta insoportable pensarlo y decirlo, pero para nosotros, allá, las cosas eran así.

Hoy es distinto, porque morí en mi aldea y volví a nacer en Europa. Así hay otras ideas que entraron en mi espíritu.

Sin embargo, sigo queriendo a mi hermano. Es como una rama de olivo que no pueden arrancarme aunque el árbol haya caído.

[illegible] arreglar con los antiguos poseedores. [illegible] a [illegible]

[illegible]

[illegible] como [illegible] dado [illegible]

[illegible]

[illegible] para que [illegible]

[illegible] de la [illegible]

[illegible]

[illegible] de la [illegible] que [illegible]

El tomate verde

Cada mañana limpiaba el establo. Era muy grande y el olor muy fuerte. Una vez limpio, dejaba la puerta abierta para que se aireara. Había mucha humedad, y con el calor del sol se formaba vapor en el interior. Llenábamos cubos de abono y yo los llevaba encima de la cabeza hasta el huerto para que se secara. Parte de este abono, el del caballo, servía sólo para alimentar la tierra del huerto. Mi padre decía que era el mejor abono. Las heces de las ovejas servían para el horno del pan. Cuando estaban bien secas yo me sentaba en el suelo y las moldeaba con las manos para hacer pequeñas porciones que metía en paquetes para alimentar el horno.

Sacábamos las ovejas al prado muy pronto por la mañana, y luego volvíamos a recogerlas para volverlas a meter en el establo cuando el sol era demasiado fuerte, hacia las once. Las ovejas comían y dormían. Yo también volvía a casa, a comer. Tomábamos aceite en un cuenco, pan caliente, té, aceitunas, fruta. Por la noche había pollo, cordero o conejo. Comíamos carne casi cada día, acompañada de arroz o de sémola que elaborábamos nosotros mismos. Todas las verduras procedían del huerto.

Mientras hacía calor durante el día, yo trabajaba dentro de casa. Preparaba la masa del pan. Alimentaba también a los corderitos más pequeños. Los cogía por la piel del cogote, como se coge a los gatos, y los subía hasta la ubre de su madre para que mamaran. Había siempre varios, y así me ocupaba de uno tras otro. Cuando ya había mamado lo bastante, lo volvía a poner en su sitio, hasta que habían comido todos. Luego iba a ocuparme de las cabras, que estaban separadas en otro lugar del establo. Los dos caballos tenían su rincón y también las cuatro vacas. El establo era realmente inmenso: una sesentena de ovejas y al menos cuarenta cabras. Los caballos estaban siempre fuera, en el prado, los volvíamos a entrar por la noche. Sólo los utilizaban mi padre y mi hermano, para ir de paseo, nosotras nunca. Cuando el trabajo en el establo se terminaba, al irme no cerraba la puerta porque hacía demasiado calor, sino que colocaba una barrera de madera, una madera muy pesada, muy gruesa, que impedía salir a los animales.

Luego había que encargarse del huerto, cuando el sol estaba más bajo. Había muchos tomates que debíamos recoger casi a diario cuando estaban maduros. Una vez, por error, cogí un tomate verde. ¡Todavía no lo he olvidado, aquel tomate! A menudo me acuerdo de él, cuando estoy en la cocina. Era medio amarillo medio rojo, y empezaba a madurar. Había estado muy a punto de ocultarlo mientras lo llevaba a casa, pero era demasiado tarde, porque mi padre ya había vuelto. Sabía que no debía haberlo cogido, pero iba demasiado rápido con las dos manos. Teníamos que trabajar siempre tan rápido que mis gestos se volvían mecánicos, mis dedos giraban alrededor de la tomatera, izquierda, derecha, izquierda, derecha hasta llegar a la base... Y el último, al que le había tocado menos el sol, me lo encontré en mi mano sin querer. Y allí estaba, bien visible, en mi capazo. Mi padre gritó: «¿Estás loca? ¿Has visto lo que has hecho? ¡Has recogido un tomate verde! ¡Maboula!».

Entonces me pegó, y me aplastó el tomate sobre la cabeza, y todas las pepitas me resbalaban por la cara. «¡Y ahora te lo comes!», y me lo hundió en la boca con fuerza, y me frotó la cara con los restos. Yo pensaba que se podía comer igualmente, pero era ácido, muy amargo, era malísimo. Me lo tragué por fuerza. Luego no quise comer más, estaba llorando y tenía el estómago revuelto. Pero entonces él me hundió la cabeza en el plato y me obligó a comerme la cena, casi como si fuera un perro. Ya no podía ni moverme, él me sujetaba con malicia por el pelo, me hacía daño. Mi medio hermana se burlaba de mí y se reía, y recibió una bofetada tan fuerte que le hizo escupir todo lo que tenía en la boca y la hizo llorar. Cuanto más decía que me dolía la cabeza, más se empecinaba él en aplastarme la cara en el plato de sémola. Vació el plato del todo, haciendo bolitas de sémola que me fue embutiendo en la boca; estaba furioso. Luego se limpió las manos con un trapo, me lo tiró a la cabeza y se marchó a acomodarse tranquilamente a la sombra, en la veranda.

Recogí el plato llorando. Tenía comida por toda la cara, todo el pelo y los dos ojos. Y barrí como cada día para recoger hasta el último grano de sémola que se hubiera caído de los dedos de mi padre.

Durante muchos años tuve olvidados acontecimientos tan importantes como la desaparición de una de mis hermanas, pero jamás pude olvidar aquel tomate verde y la humillación de ser tratada peor que un perro. Y la sensación de verlo allí, tranquilamente sentado a la sombra, echándose una siesta después de mi paliza casi cotidiana; era lo peor de todo. Era el símbolo de una esclavitud normal que yo aceptaba bajando la cabeza y encorvando la espalda bajo los golpes, como lo hacían mis hermanas, como lo hacía también mi madre. Pero hoy comprendo mi odio. Hubiera querido que se ahogara bajo su pañuelo.

Así era la vida de cada día. Hacia las cuatro sacábamos las ovejas y las cabras hasta el anochecer. Mi hermana tomaba la delantera por el sendero y yo me colocaba siempre detrás con un bastón, para hacer avanzar a los animales y sobre todo atemorizar a las cabras. Siempre estaban agitadas, dispuestas a irse corriendo a cualquier lugar. Una vez en el prado llegaba la tranquilidad, ya sólo estábamos nosotras dos y el rebaño. Yo cogía una sandía y la golpeaba contra una piedra para abrirla. Teníamos siempre miedo de que a la vuelta nos pillaran, porque nos manchábamos la ropa con el jugo dulce, por eso nos lavábamos directamente al volver al establo, antes de que nuestros padres nos vieran. Era impensable quitarse el vestido, pero por suerte se secaba muy rápido.

El sol adquiría un color amarillo muy especial y se alejaba por el horizonte; el cielo pasaba del azul al gris y había que apresurarse a volver antes de caer la noche. Y como en mi país anochece muy deprisa, había que ir tan rápido como el sol, contar los pasos por el camino, pasar rozando las paredes y la puerta de hierro se volvía a cerrar de nuevo sobre nuestras espaldas.

Y entonces era el momento de ordeñar las vacas y las ovejas. Recuerdo que me dolían los brazos. Con un gran bidón debajo del vientre de la vaca y un taburete casi a ras del suelo, cogía una pata de vaca y la sujetaba entre mis piernas para impedir que hiciera un movimiento y que la leche cayera fuera del cubo. ¡Si caía una mancha de leche al suelo, incluso unas gotas, era el último día de mi vida! Mi padre me abofeteaba gritando que iba a perder un queso. Las mamas de las vacas eran enormes, estaban muy duras porque estaban hinchadas de leche y mis manos eran muy pequeñas. Me dolían mucho los brazos, tardaba mucho en ordeñarlas y me quedaba agotada. Una vez, en un momento en el que se acumularon seis vacas en el establo, me dormí, agarrada al cubo, con la pata de vaca sujeta entre las piernas. Mi padre llegó, desgraciadamente, y me gritó: «*Charmuta!* ¡Puta!». Me arrastró por el suelo del establo, agarrada por el pelo, y me dio una paliza con el cinturón. Maldecía aquel cinturón de cuero, ancho, que él llevaba siempre alrededor de la cintura junto a otro más pequeño. El pequeño azotaba muy fuerte. Me pegaba levantando el brazo hasta arriba sujetándolo por una punta, como si fuera una cuerda. Cuando utilizaba el grande lo tenía que doblar por la mitad, porque pesaba demasiado. Yo le suplicaba y lloraba de dolor, pero cuanto más le decía que dolía más me pegaba, tratándome de puta.

Por la noche todavía lloraba, a la hora de la cena. Mi madre trató de preguntarme. Veía claramente que aquella tarde me había pegado demasiado fuerte, pero él se puso a apalearla también a ella, mientras le decía que no era asunto suyo, que no necesitaba saber para nada por qué me había pegado porque yo ya lo sabía.

Una jornada normal en casa era al menos una bofetada, o una patada bajo la excusa de que no trabajaba lo bastante rápido, que el agua del té había tardado demasiado en hervir... A veces conseguía esquivar la bofetada en la cara, pero no muy a menudo. No recuerdo si a mi hermana Kainat le pegaban tanto como a mí, pero supongo que sí porque tenía tanto miedo como yo. He conservado siempre este reflejo de trabajar rápido y de andar también rápido, como si un cinturón me espiara permanentemente. Un burro por el camino avanza a golpes de bastón. A nosotros nos sucedía igual, con la diferencia de que mi padre nos pegaba mucho más fuerte que a un burro. Me volvieron a pegar al día siguiente, para que no me olvidara de la paliza del día anterior. Para que siguiera avanzando sin dormirme, como el burro por el camino.

El burro me hace pensar en otro recuerdo que hace referencia a mi madre. Me veo llevando a pastar al rebaño como de costumbre, y regresando rápidamente a casa para limpiar el establo todavía más rápido. Mi madre me acompaña, y me mete prisa porque tenemos que ir a recoger los higos. Hay que cargar las cajas sobre el lomo del burro y andar mucho rato hasta las afueras de la aldea. Soy incapaz de situar esta historia en el tiempo, excepto porque esa mañana me parece muy próxima a la del tomate verde. Es al final de la temporada porque la higuera delante de la cual nos detenemos está prácticamente desnuda. Ato el burro al tronco de esa higuera para impedir que se coma los frutos y las hojas que tapizan el suelo.

Empiezo a recogerlos y mi madre me dice: «Escúchame bien, Souad, quédate aquí con el burro, recoge todos los higos que hay junto a la carretera, pero no vayas más allá de este árbol. No te muevas de aquí. Si ves llegar a tu padre con el caballo blanco, o a tu hermano, silba y yo volveré rápidamente». Se aleja un poco por el camino para encontrarse con un caballero que la espera en su caballo. Lo conozco de vista, se llama Fadel. Tiene la cara muy redonda, es bajo y bastante fuerte. Su caballo está muy bien cuidado y es todo blanco con una mancha negra, y la cola trenzada hasta abajo. No sé si está casado o no. Mi madre engaña a mi padre con él. Lo he comprendido desde el momento en que me ha dicho: «Si llega cualquier otra persona, silba». El caballero desaparece de mi vista y también mi madre. Yo recojo con cuidado los higos junto a la carretera. En esa zona no hay muchos, pero no tengo permiso para ir a recogerlos más allá porque de lo contrario no veré llegar a mi padre ni a cualquier otro que llegue.

Curiosamente esta historia no me sorprende. En mi recuerdo no tengo la sensación de temer demasiado. Quizá porque mi madre tenía el plan muy bien tramado. El burro está atado al tronco de la higuera desnuda, no puede comer nada, ni hojas ni fruta, como sucede con este tipo de cosecha. Así pues no tengo necesidad de vigilarlo como en plena temporada y puedo trabajar sola. Doy diez pasos en una dirección, diez hacia la otra, recogiendo los higos del suelo para colocarlos en las cajas. Tengo una buena visión del camino en dirección a la aldea, puedo ver llegar a cualquiera desde lejos y silbar a tiempo. Ya no veo ni a ese Fadel ni a mi madre, pero adivino que están a una cincuentena de pasos, ocultos en algún lugar del campo. Por tanto, en caso de peligro, siempre podrá fingir que se ha alejado un momento por una necesidad urgente. Un hombre, aun tratándose de mi padre o mi hermano, no haría nunca una pregunta indiscreta sobre un tema así. Sería vergonzoso.

No permanezco a solas mucho tiempo: la caja está apenas llena cuando los veo regresar por separado. Mi madre sale del campo. Veo a Fadel subir a su caballo; incluso falla el primer intento porque su caballo es muy alto. Lleva una bonita fusta de madera, muy fina, y le hace una sonrisa a mamá antes de desaparecer.

Yo finjo que no he visto nada.

La cosa ha ocurrido muy rápido. Han hecho el amor en algún rincón del campo, ocultos tras las hierbas, o quizá simplemente estaban juntos para hablar, no quiero saberlo. No tengo derecho a preguntar qué es lo que han hecho, ni a poner cara de sorprendida, no es asunto mío. Mi madre no compartirá el secreto conmigo. También sabe que yo no voy a contar nada, por la sencilla razón de que soy cómplice de hecho y sería golpeada hasta la muerte como ella. Mi padre no sabe hacer otra cosa que golpear a las mujeres y hacerlas trabajar para ganar dinero. Así que,

que mi madre se vaya a hacer el amor con otro hombre con el pretexto de que va a recoger cajas de higos, al final, me pone contenta. Tiene toda la razón.

Ahora tenemos que recoger los higos muy rápido, que las cajas estén lo bastante llenas como para justificar el tiempo que ha transcurrido. Si no mi padre me preguntará: «¿Vuelves con las cajas vacías? ¿Y qué has hecho todo este tiempo?». Y entonces me habré ganado otra sesión de cinturón.

Estamos bastante lejos de la aldea. Mi madre monta encima del burro, con las piernas un poco separadas alrededor del cuello del animal, muy cerca de la cabeza para no aplastar la fruta. Yo camino delante para guiar los pasos del burro por el camino, y nos ponemos en ruta cargadas con todo el peso.

Un poco más lejos nos cruzamos con una mujer mayor que va sola con un burro, que también va cargado con higos. Como es vieja no necesita que la acompañen; va delante de nosotras. Mi madre la saluda y seguimos juntas el camino. Es muy estrecho y extraño, ese camino, lleno de socavones, de baches y de piedras. Hay tramos en los que hace mucha pendiente y al burro le cuesta avanzar con su carga. En un momento dado se detiene por completo en lo alto de una cuesta, frente a una serpiente muy grande, y se niega a continuar. Por mucho que mi madre le pegue, lo anime, él no quiere saber nada. Al contrario, intenta retroceder, arrugando la nariz de miedo, como yo. Odio las serpientes. Y como la cuesta es muy empinada, las cajas se mueven sobre su lomo y corren el riesgo de caer. Por suerte, la mujer que nos acompaña no parece temer a la serpiente, aunque es enorme. No sé cómo lo hace, pero veo el cuerpo del animal enrollarse, retorcerse. Le ha debido de pegar con el bastón... al final la gran serpiente se cae por el acantilado y el burro accede a continuar.

Había muchas serpientes alrededor de la aldea, serpientes pequeñas y serpientes grandes. Las veíamos todos los días y nos daban mucho miedo, como nos daban miedo las granadas. Desde la guerra con los judíos, había un poco por todas partes. No sabías nunca si te ibas a morir pisando una por casualidad. En cualquier caso, oía hablar de ellas en casa, cuando el padre de mi padre venía a visitarnos, o mi tío. Mi madre nos advertía contra esas granadas, resultaban casi invisibles entre las piedras, y yo miraba siempre delante de mí, por miedo a encontrarme una. No tengo el recuerdo de haber visto ninguna directamente, pero sé que el peligro era permanente. Valía más no levantar ninguna piedra y mirar bien dónde metías los pies. En cuanto a las serpientes, se iban a esconder hasta en nuestra casa, entre los sacos de arroz o las gavillas de heno del establo.

Cuando llegamos, mi padre no estaba en casa. Era un alivio, puesto que habíamos perdido bastante tiempo: eran ya las diez. A esa hora el sol ya está alto, el calor aprieta y los higos más maduros podían estropearse y ablandarse. Tenían que estar en buenas condiciones y preparados cuidadosamente para que mi padre pudiera venderlos en el mercado.

A mi me gustaba mucho preparar las cajas de higos. Escogía bonitas hojas de higuera, grandes y verdes, para forrar el fondo de las cajas. Acto seguido colocaba la fruta con delicadeza, bien puesta como si se tratara de joyas, y le ponía hojas grandes por encima para protegerla del sol. Con la uva pasaba lo mismo: la cortábamos con tijeras, la limpiábamos bien, no tenía que quedar ni un grano estropeado ni una hoja sucia. Forraba las cajas con hojas de parra y las cubría de la misma forma, para que los racimos se conservaran bien frescos.

Estaba también la temporada de las coliflores, de los

calabacines, de las berenjenas, de los tomates y de las calabazas, y mi padre vendía también los quesos que yo me encargaba de elaborar. Ponía la leche en un gran cubo de metal; retiraba la grasa más amarilla que se formaba en los bordes y la crema que ponía aparte para hacer el *laban,* que vendíamos en paquetes aparte para el Ramadán. Los metíamos en grandes cubos y mi padre se encargaba de empaquetarlos con un plástico muy duro para que el producto no se estropeara. Encima escribía, en árabe, «laban».

Con el *halib,* la leche, hacía yogur y queso a mano. Tenía una tela blanca transparente y un cuenco de hierro. Para empezar llenaba el cuenco hasta los bordes, para que los quesos tuvieran siempre el mismo tamaño, luego los metía en la tela, hacía un nudo y lo apretaba bien para que el líquido cayera en un recipiente. Cuando los quesos habían soltado todo el líquido, los colocaba sobre una bandeja dorada tapados con un trapo para impedir que el sol y las moscas los estropearan. Acto seguido los envolvía con un papel blanco que mi padre también etiquetaba. Quedaban muy bonitos, una vez empaquetados, muy cuidados. Cuando era temporada de frutas y verduras, mi padre iba al mercado casi todos los días. Para los quesos y la leche, dos días a la semana.

Mi padre no se sentaba al volante del furgón hasta que todo estaba cargado, y si no habíamos terminado a tiempo ya podíamos temblar. Se instalaba delante con mi madre, y yo me acurrucaba entre las cajas de detrás. Teníamos media hora larga de camino. Al llegar veía los grandes edificios: era la ciudad. Una ciudad bonita, bien limpia. Había semáforos rojos para detener a los coches. Y tiendas elegantes. Recuerdo un escaparate en el que había un maniquí con un traje de novia. Pero yo no tenía permiso para irme a pasear, y menos para ir a mirar tiendas. Tenía la boca abierta y retorcía el cuello para poder verlas de lejos el máximo tiempo posible. No había visto nunca nada igual.

Me hubiera gustado visitar esa ciudad, pero cuando veía a las chicas caminando por la acera, ataviadas con vestidos cortos, con las piernas desnudas, sentía vergüenza. Si me las hubiera encontrado de cerca, hubiera escupido a su paso. Eran *charmutas*... a mí me resultaba asqueroso. Andaban solas, sin padres que las acompañaran. Me decía que no podrían casarse nunca. Ningún hombre las pediría en matrimonio porque habían enseñado las piernas y porque se maquillaban con barra de labios roja. Y no comprendía por qué no las encerraban.

Ahora me doy cuenta de que la vida en la aldea no había cambiado desde que nació mi madre, y su madre antes que ella, y todavía más lejos. ¿Les pegaban a estas muchachas como a mí? ¿Trabajaban ellas como yo lo hacía? ¿Vivían encerradas como yo? ¿Esclavas como yo? No podía alejarme ni un centímetro del furgón de mi padre. Él supervisaba la descarga de las cajas, traía el dinero y, con un gesto, como si estuviera tratando con un asno, me volvía a mandar de nuevo a esconderme en el interior, con el único placer de permanecer un rato sin trabajar y la visión de los comercios inaccesibles que me llegaba a través de las cajas de frutas y verduras.

El mercado era muy grande. Había una especie de techo recubierto de parra que daba sombra a la fruta. Era muy bonito. Cuando lo habíamos vendido todo mi padre era feliz. Se iba a ver al vendedor antes del cierre del mercado, solo, y volvía con el dinero que yo podía ver en su mano. Lo contaba mucho y lo metía bien cerrado en una bolsa de tela, anudado con un cordón, y se colgaba la bolsa del cuello. Este dinero del mercado fue lo que le permitió modernizar la casa.

A mí me gustaba subir al furgón por el momento de descanso que significaba. No hacía nada durante el trayecto, permanecía sentada tranquilamente. Pero una vez llegábamos al mercado había que apresurarse, transportar las cajas a toda prisa. Mi padre quería demostrar que su mujer y su hija trabajaban duro. Yo iba siempre con mi madre. Nunca nos llevaba a las dos hermanas juntas.

Cuando mi hermana se iba con ellos, yo iba a buscar agua para lavar el patio y dejar que el sol lo secara. Preparaba la comida y hacía el pan. Sentada en el suelo, metía harina en un plato muy grande con agua y sal y trabajaba una masa con las manos. Luego la dejaba reposar sobre una tela blanca para esperar a que creciera. Iba a reavivar el fuego del horno para que estuviera bien caliente. El espacio era grande como una casita con el techo de madera, y en el interior un horno de hierro estaba permanentemente encendido. Las brasas se conservaban mucho tiempo, pero había que reavivar el fuego especialmente antes de hacer el pan.

Una masa que crece es algo magnífico... me encantaba hacer el pan. Hacía un agujero en la masa para decorarlo, antes de meterla en el horno. Y para que no se me pegara a las manos, las hundía en un saco de harina y acariciaba esa pasta que se volvía blanca y muy suave. Eso formaba una gran torta, espléndida, un precioso pan redondo y plano que debía tener siempre la misma forma. Si no, mi padre me lo tiraba a la cara.

Una vez cocido el pan, limpiaba el horno y recogía las cenizas. Cuando salía de allí, mi pelo, mi cara, mis cejas y mis pestañas estaban grises de polvo. Entonces me sacudía como un perro pulgoso.

Un día estaba dentro de la casa y vimos humo que salía del techo del horno. Corrí con mi hermana para ver qué ocurría y nos pusimos a gritar «¡Fuego!». Mi padre vino con agua. Había llamas y todo se quemó. En el interior del horno había como cacas de cabra totalmente negras. Me había olvidado un pan dentro del horno y había limpiado mal las cenizas. Había quedado una brasa que provocó el fuego. Fue mi culpa. No hubiera tenido que olvidarme de aquel trozo de pan ni, sobre todo, olvidarme de agitar las cenizas con un trozo de leña para sacar las brasas.

Era la responsable del incendio del horno del pan, aquélla era la peor de las catástrofes.

Y mi padre me apaleó más fuerte que nunca. Recibí patadas, bastonazos en la espalda. Me agarró por el pelo, me doblegó de rodillas y me hundió la cara en las cenizas, que afortunadamente ya estaban tibias. Yo me ahogaba, babeaba, la ceniza se me metía por la nariz y la boca, y tenía los ojos totalmente rojos. Me hizo comer ceniza para castigarme. Recuerdo cómo lloraba cuando me soltó, estaba toda negra y gris con los ojos rojos como tomates. Yo había cometido una falta muy grave, y si mi madre y mi hermana no hubieran estado allí, creo que mi padre me hubiera echado a las llamas antes de apagarlas.

Hubo que reconstruir el horno con ladrillos y las obras duraron mucho tiempo. Cada día me ganaba un insulto, una palabra desagradable. Me metía en el establo con la espalda encorvada, barría el patio con la cabeza gacha. Creo que mi padre me odiaba de verdad, a pesar de que, aparte de ese estropicio, yo trabajaba realmente bien.

Por la tarde hacía la colada, antes de caer la noche. Me encargaba de toda la ropa de la casa, sacudía las pieles de oveja, barría, cocinaba, alimentaba al ganado, limpiaba el establo. Los momentos de descanso eran raros.

De noche no salíamos nunca. Mi padre y mi madre sí salían con frecuencia, iban a casa de los vecinos, a casa de sus amigos. Mi hermano también salía, pero nosotras jamás. No teníamos amigas, ni mi hermana mayor venía nunca a vernos. La única persona ajena a la casa que veía de vez en cuando era una vecina, Enam. Tenía una mancha en el ojo, la gente se burlaba de ella, y todos sabían que nunca se había casado.

Desde el terrado veía la mansión de la gente rica. Estaban en su terraza con las luces encendidas, y yo los escuchaba reírse, los veía comer fuera, incluso de noche, tarde. Pero nosotras, en casa, vivíamos encerradas como conejos en nuestras habitaciones. En el pueblo recuerdo solamente esa familia rica, no muy lejos de nuestra casa, y a Enam, la solterona siempre sola, sentada fuera en la puerta de su casa. La única distracción que tenía era el trayecto en el furgón para ir al mercado.

Los momentos de descanso eran tan raros... Cuando no trabajábamos para nosotros, íbamos a ayudar a los vecinos de la aldea, y ellos hacían lo mismo por nosotros.

En el pueblo éramos varias muchachas de más o menos la misma edad, y nos hacían subir a una furgoneta para ir a recoger coliflores a un campo grande. ¡Lo recuerdo bien, aquel campo de coliflores! Era tan grande que no se veía el final, y teníamos la impresión de que jamás conseguiríamos recogerlo todo. El chófer era tan bajito que para conducir se colocaba un cojín sobre el asiento. Tenía una cara muy rara, redonda, minúscula, con el pelo liso.

Estuvimos recogiendo coliflores todo el día, a cuatro patas, todas las chicas en fila, como de costumbre, vigiladas por una mujer ya mayor que llevaba un bastón. Y nada de rezagarse. Las íbamos poniendo en un camión grande. Una vez acabada la jornada, dejamos el camión en el sitio y volvimos a subir a la furgoneta para volver al pueblo. A un lado y otro de la carretera había muchos naranjos. Y como teníamos mucha sed, el chófer detuvo la furgoneta y nos dijo que fuéramos cada una a buscar una naranja y que volviéramos deprisa.

«¡Una naranja y *halas*!», lo que significaba «una, pero no dos».

Todas las chicas volvimos a subir a la furgoneta corriendo, y el chófer, que había aparcado en un sendero, dio marcha atrás. Luego detuvo bruscamente el motor, se apeó y se puso a gritar tan fuerte que todas las chicas salieron de la furgoneta aterradas.

Había atropellado a una de las muchachas. La rueda le había pisado la cabeza. Como yo estaba justo delante, bajé, le cogí la cabeza por el pelo, creyendo que estaba viva. Pero su cabeza se quedó pegada al suelo y yo me desmayé de espanto.

Lo siguiente que recuerdo es que volvía a estar en el furgón, en el regazo de la mujer que nos vigilaba. El chófer se detenía frente a la casa de cada una de las muchachas para dejarlas, puesto que no estábamos autorizadas a volver solas, ni siquiera dentro de la aldea. Cuando bajé frente a mi casa, la vigilante le explicó a mi madre que yo estaba enferma. Mamá me acostó, me dio de beber. Aquella noche estuvo amable conmigo, porque la mujer se lo explicó todo. Se vio obligada a contarle lo del accidente a cada madre mientras el chófer esperaba. ¿Quizá fuera porque convenía que todos dijeran lo mismo?

Es curioso que le hubiera ocurrido justamente a aquella niña. Cuando recogíamos coliflores, ella estaba siempre en el centro de la fila, nunca en los extremos. En nuestro medio, una muchacha que está protegida de esta forma por las otras niñas significa que es capaz de escaparse. Y yo me había fijado en que aquella chica estaba siempre rodeada, que no debía nunca cambiar de lugar dentro de la fila. A mí me resultaba extraño, sobre todo porque no hablábamos con ella. Ni siquiera había que mirarla, porque era una *charmuta,* y si hablábamos con ella a nosotras también nos tratarían de *charmutas.* ¿La había atropellado el chófer intencionadamente? El rumor permaneció mucho tiempo en el pueblo. La policía vino a interrogarnos; nos reunieron en el campo donde había ocurrido. Había tres policías y para nosotras eso era un acontecimiento, ver tres hombres policías. No había que mirarlos a los ojos, había que respetarlos, estábamos muy impresionadas. Les enseñamos el sitio exacto. Yo bajé. Había una cabeza falsa, y yo la levanté con la mano. Ellos me dijeron: «*Halas, halas, halas...*». Y se acabó.

Volvimos a subir a la furgoneta. ¡El chófer lloraba! Conducía rápido y de una forma extraña. El furgón botaba por la carretera, y recuerdo que la vigilante se sujetaba el pecho con las dos manos porque sus senos también botaban. El chófer estuvo en la cárcel. Para nosotros, y para todo el pueblo, no había sido un accidente.

Durante mucho tiempo después de aquello estuve enferma. Me veía a menudo levantando la cabeza aplastada de la chica y temía a mis padres, por culpa de todo lo que decían de ella. Debió de haber hecho algo malo, pero yo no sé qué fue. En cualquier caso, decían que era una *charmuta.* De noche yo no dormía. Veía todo el rato aquella cabeza aplastada, oía el ruido de las ruedas cuando el furgón hizo marcha atrás. Jamás me olvidaré de esa muchacha. A pesar de todo el sufrimiento que yo misma he soportado, esta imagen me quedó grabada en la cabeza. Tenía la misma edad que yo, el pelo corto, un corte de pelo muy bonito. También era raro que llevara el pelo corto. Las chicas del pueblo no se cortaban nunca el pelo. ¿Por qué ella sí? Era distinta a nosotras, se vestía mejor. ¿Qué es lo que la había convertido en *charmuta*? Jamás lo supe. Luego lo supe por mí misma.

A medida que iba haciéndome mayor, tenía cada vez más esperanzas de ser pedida en matrimonio. Pero nadie pedía la mano de Kainat, y a ella no parecía preocuparle. Como si ya se hubiera resignado a quedarse solterona, cosa que yo encontraba terrible tanto para ella como para mí, si es que yo tenía que esperar a que me llegara el turno.

Empezaba a sentir vergüenza al asistir a las bodas de los demás, por miedo a que se burlaran de mí. Casarme era lo máximo a lo que podía aspirar como forma de libertad. Sin embargo, incluso casada, una mujer arriesgaba la vida a la mínima equivocación. Recuerdo aquella mujer que tenía cuatro hijos. Su marido trabajaba seguramente como empleado en la ciudad, porque llevaba siempre chaqueta. Cuando lo veía de lejos caminaba siempre deprisa, sus zapatos levantaban como una nube de arena tras sus pasos.

Su esposa se llamaba Souheila, y un día escuché a mi madre decir que en el pueblo se decían cosas de ella. La gente pensaba que tenía un asunto con el dueño de la tienda, puesto que ella iba a menudo a comprar pan, verduras y fruta. Quizá no tuviera un huerto grande como nosotros. Quizá se viera a escondidas con ese hombre, como lo había hecho mi madre con Fadel. Un día, mi madre contó que sus dos hermanos entraron en su casa y le cortaron la cabeza. Y que dejaron el cuerpo en el suelo y se pasearon por el pueblo con la cabeza cortada. Decía también que cuando su marido regresó del trabajo, se puso contento de que su mujer hubiera muerto, puesto que era sospechosa de tener algún lío con el dueño de la tienda. Sin embargo, no era una mujer guapa y tenía cuatro hijos.

Yo no vi a esos hombres paseando por el pueblo con la cabeza de su hermana, no hice más que oír lo que contaba mi madre. Ya era lo bastante madura como para comprender, pero no tuve miedo. Quizá porque no vi nada. Me parecía que, en mi familia, no había ninguna *charmuta,* que esas cosas no me iban a ocurrir. Aquella mujer había sido castigada, era lo normal. Más normal que una muchacha de mi edad aplastada en la carretera.

No me daba cuenta de que los simples comadreos, las suposiciones del vecindario, incluso las mentiras, podían convertir a cualquier mujer en una *charmuta* y conducirla hasta la muerte, por el honor de los demás.

Es lo que llamamos un crimen de honor, *Jarimai al Sharaf,* y, para los hombres de mi país, no es un crimen.

La sangre de la novia

Los padres de Husain vinieron a pedir la mano de Noura. Vinieron en varias ocasiones para hablar del asunto, porque en nuestro pueblo, cuando se casa a una hija, se la vende a cambio de oro. Los padres de Husain vinieron, pues, con oro, pusieron este oro en un bonito plato dorado y el padre de Husain dijo: «Helo aquí, la mitad para Adnan, el padre, y la otra mitad para su hija, Noura».

Si no hay oro suficiente, se discute. Ambas partes son importantes, porque el día de la boda la muchacha deberá mostrar a todo el mundo el oro que su padre ha obtenido por su venta.

No es para Noura esa cantidad de oro que va a llevar el día de su casamiento. El número de brazaletes, el collar, la diadema, los necesita para su honor y para el de sus padres. No es para su futuro, ni para ella misma, pero así se podrá pasear por el pueblo y la gente comentará a su paso cuánto oro les ha aportado a sus padres.

Si una novia no lleva joyas el día de su boda, es una vergüenza terrible para ella y para su familia. Mi padre se olvidaba de decírnoslo, cuando nos gritaba que no valíamos ni siquiera lo que vale una oveja. ¡Cuando vende a una hija, él se lleva la mitad del oro!

Entonces puede negociar. La discusión ocurre sin tenernos en cuenta, sólo entre los padres. Cuando el trato está cerrado no hay ningún papel firmado, lo que cuenta es la palabra de los hombres. Sólo la de los hombres.

Las mujeres no tienen ningún derecho a decir nada, ni siquiera mi madre ni la de Husain tienen más voz que la futura novia. Nadie ha visto todavía el oro pero todos saben que el matrimonio está arreglado porque la familia de Husain ha venido. Pero no hay que molestar, no hay que mostrarse, hay que respetar las negociaciones entre los hombres.

Mi hermana Noura sabe que hay un hombre que ha entrado en casa con sus padres, por lo tanto lo más seguro es que vaya a casarse. Está muy contenta. Me dice que tiene ganas de que suceda para poder vestirse mejor, depilarse las cejas, para tener su propia familia y tener hijos. Noura es tímida, y tiene una cara muy linda. También se preocupa un poco mientras los padres discuten, le gustaría saber cuánto oro han aportado, ruega a Dios por que se pongan de acuerdo.

Ella no sabe qué aspecto tiene su futuro marido, ignora su edad y no va a preguntar cómo es. Preguntarlo es vergonzoso. Incluso para mí, que podría esconderme a espiar para ver qué cara tiene. Quizá tenga miedo de que yo se lo cuente a nuestros padres.

Unos días más tarde mi padre llama a Noura en presencia de mi madre y le dice: «Mira, te vas a casar tal día». Yo no estaba, puesto que no tenía derecho a estar con ellos.

Ni siquiera debería decir «no tenía derecho», eso no existe. Es la costumbre, es así y punto. Si tu padre te dice «quédate en este rincón toda tu vida», te quedarás en ese rincón toda tu vida. Si tu padre te pone una aceituna en un plato y te dice «es todo lo que vas a comer hoy», sólo comes eso. Es muy difícil salirse de esa piel de esclava consentida, puesto que nacemos con ella como niñas y, durante toda nuestra infancia, esta manera de no existir, de obedecer a un hombre y a su ley, se mantiene de forma permanente, por el padre, por la madre, por el hermano, y la única manera que hay de salir de ella es perpetuándola con el marido.

Cuando mi hermana Noura accedió a ese estatus tan esperado, calculo que mi edad era de unos quince años. Pero quizá me equivoque, incluso mucho, puesto que, a fuerza de reflexionar y de poner mis recuerdos en orden, me he dado cuenta de que mi vida en aquellos tiempos no tenía ninguno de los puntos de referencia de los que conocemos en Europa. Ni cumpleaños, ni fotos, es la vida de un animalito que come, trabaja lo más rápidamente posible, duerme y recibe sus golpes. Entonces sabemos que estamos «maduros», es decir, en peligro de exponernos a la cólera de la sociedad al primer paso en falso. Y a partir de esa edad «madura», el matrimonio es la siguiente etapa. Normalmente, una niña está madura a partir de los diez años y se casa entre los catorce y los diecisiete, como muy tarde. Noura debía de acercarse a este límite tardío.

La familia empezó, pues, a preparar la boda, a anunciársela a los vecinos. Como la casa no es lo bastante grande, alquilamos el patio comunitario para celebrar la recepción. Es un lugar muy bonito, una especie de jardín florido en el que crece la uva con un sitio para bailar. Hay una veranda cubierta que permite estar a la sombra y acogerá a la novia.

Mi padre eligió el cordero. Se elige siempre al cordero más joven porque su carne es tierna y no tarda tanto en asarse. Si hay que cocer la carne mucho tiempo van a decir que el padre no es lo bastante rico, que ha elegido un cordero viejo y que no da bien de comer. Entonces no tendrá buena reputación en el pueblo, y para su hija será todavía mucho peor.

Por tanto, es el padre quien elige al cordero. Va al establo, observa, atrapa al elegido y nos lo llevamos a rastras hasta el jardín. Le ata las patas para que no se mueva, coge el cuchillo y lo degüella de un solo tajo. Luego retuerce un poco la cabeza encima de un plato grande para que salga la sangre. Miro esa sangre brotar con un asco vago. Las patas del cordero se siguen moviendo. Una vez terminado el trabajo de mi padre, las mujeres vienen a encargarse de la carne. Ponen agua a hervir para limpiar el interior del cordero. Las tripas no se comen, pero sí tienen alguna utilidad, puesto que son guardadas cuidadosamente a un lado. Después hay que retirar la piel, y mi madre es la encargada de hacer este trabajo tan delicado. La piel no tiene que estropearse, debe quedar entera. El cordero está ahora en el suelo, vacío y limpio. Con un gran cuchillo, mi madre separa la piel de la carne. Corta a ras de la carne y tira con un gesto preciso. Trozo a trozo, el cuero se despega hasta que la piel entera se separa del cuerpo. Entonces la deja secar para venderla o guardarla. La mayoría de las pieles de nuestros corderos se acaban vendiendo, pero está mal visto llevar una sola piel al mercado. Hay que llevar varias para demostrar que eres rico.

En esta vigilia de la boda, cuando cae la noche, después del cordero, mi madre se ocupa de mi hermana. Coge una vieja sartén, un limón, un poco de aceite de oliva, una yema de huevo y azúcar. Lo funde todo y se encierra con Noura. Con esta mezcla se pondrá a depilarla. Hay que eliminar absolutamente todo el vello del sexo. Todo debe quedar desnudo y limpio. Mi madre dice que si tienes la desgracia de olvidarte de un pelo, el hombre se irá sin ni siquiera mirar a su mujer, diciendo que está sucia.

Esta historia de pelos que se considerarían sucios me preocupa. No se depilan ni las piernas ni los brazos, solamente el sexo. Y también las cejas para embellecer. Cuando a una niña le sale pelo, es la primera señal que la convierte en mujer, junto a los pechos. Y morirá con su pelo, puesto que Dios nos lleva tal cual nos ha traído. Sin embargo, todas las chicas se sienten orgullosas ante la idea de depilarse... es la prueba de que vas a pertenecer a un hombre que no es tu padre. Te conviertes realmente en alguien, sin pelos. A mí me parece más un castigo que otra cosa, cuando oigo a mi hermana gritar. Cuando sale de la habitación, una pequeña muchedumbre de mujeres que esperaban tras la puerta dan palmas y gritan *yuyus*. Es un momento de gran alegría: mi hermana está lista para la boda, el famoso sacrificio de su virginidad.

Tras esa sesión ya se puede ir a dormir. Las mujeres regresan a sus casas porque ya lo han visto y todo ha ocurrido según las normas.

El día siguiente, al amanecer, se prepara la comida en el patio de la boda. Todo el mundo debe ver cómo se preparan los alimentos y evaluar el número de platos. Y, sobre todo, no hay que perderse ni la cocción de una sola cucharada de arroz, de lo contrario todo el pueblo hablaría. La mitad del patio está dedicado a estos alimentos. Hay carne, cuscús, verduras, arroz, pollo y muchísimos dulces, pasteles que mi madre ha preparado con la ayuda de las vecinas, puesto que ella sola nunca hubiera sido capaz de dar de comer a tanta gente.

Una vez dispuestos los platos, ofrecidos a la mirada de todos, mi madre se va a preparar a mi hermana con otra mujer. El vestido es bordado por delante, largo hasta los tobillos, con botones de tela. Noura está magnífica cuando sale de la habitación, cubierta de oro. Bella como una flor. Lleva brazaletes, collares y especialmente, lo que cuenta ante todo para una novia, ¡la diadema! Está hecha de una cinta de monedas de oro atadas alrededor de la cabeza. Su pelo, suelto, ha sido alisado con aceite de oliva para que brille. Van a instalarla en su trono. Es una tarima con una silla encima, recubierta con una manta blanca. Noura debe subirse a ella, sentarse y esperar a que vengan a admirarla antes de la llegada de su futuro esposo. Todas las mujeres se amontonan para entrar en el patio y contemplar a la novia mientras gritan sus *yuyus*.

Y los hombres danzan fuera. No se mezclan con las mujeres en el patio. Ni siquiera tenemos permiso para mirar por la ventana cómo danzan.

La novia está lista para hacer su entrada. Baja tímidamente la cabeza. Todavía no tiene permiso para mirar a la cara a su marido, aunque es la primera vez que al fin verá cómo es. Supongo que mi madre le habrá dado algunas pistas sobre su aspecto, su familia, su trabajo, su edad... pero no hay nada seguro. Quizá le hayan dicho simplemente que sus padres han aportado el oro necesario.

Mi madre coge un velo y lo coloca sobre la cabeza de mi hermana y él llega como si fuera un príncipe, bien vestido. Se acerca a ella. Noura mantiene las manos quedamente sobre su regazo, con la cabeza gacha bajo el velo para mostrar su buena educación. Se supone que este momento representa lo esencial de la vida de mi hermana.

Yo miro como los demás, y la envidio. Siempre la he envidiado por el hecho de ser la mayor, por acompañar a mi madre a todas partes, mientras que yo trabajaba sin descanso en el establo con Kainat. La envidio por salir la primera de esta casa. Todas las muchachas quisiéramos estar en el lugar de la novia un día como éste, con un espléndido vestido blanco y cubierta de oro. Está tan bonita. Noura no lleva zapatos, ésa es mi única decepción. Llevar los pies descalzos, para mí, es como una miseria. He visto mujeres por la calle, yendo al mercado, que llevaban zapatos. Quizá porque los hombres los llevan siempre, los zapatos son para mí como un símbolo de libertad. Andar sin que las piedras y las espinas me arañen la piel... Noura va descalza, y Husain lleva unos zapatos preciosos abrillantados que me fascinan.

Husain avanza hacia mi hermana. Instalan para él, sobre la tarima, otra silla cubierta con una manta blanca. Se sienta, levanta el velo blanco y los *yuyus* suenan por todo el patio. La ceremonia ha concluido. El hombre acaba de desvelar el rostro de la que ha permanecido pura para él y que va a darle hijos.

Se quedan allí, sentados los dos como maniquíes. Danzamos, cantamos, pero ellos no se mueven. Les llevan de comer a su sitio y, para que no se ensucien, les protegen sus bonitas ropas con trapos blancos.

El novio no toca a su mujer, no la besa, no le coge la mano. Nada ocurre entre ellos, ni un solo gesto de amor o de ternura. Son una imagen fija del matrimonio, y dura mucho tiempo.

Lo ignoro todo sobre ese hombre, su edad, si tiene hermanos o hermanas, a qué se dedica o dónde vive con sus padres. Sin embargo, es de la misma aldea que nosotros. ¡Uno no se va a buscar a la mujer más allá de su pueblo! Para mí también es la primera vez que veo a ese hombre. No sabíamos si era guapo o feo, bajo, alto, gordo, ciego, manco, si tenía la boca torcida o no, si tenía orejas, o la nariz grande... Husain es un hombre muy guapo. No es muy alto, alrededor de un metro setenta, tiene el pelo crespo, muy corto, el cuerpo más bien fuerte. Su rostro moreno, curtido, refleja una buena alimentación. Tiene la nariz corta, más bien ancha, con aletas gruesas, tiene encanto. Camina orgullosamente, y a primera vista no parece malo, pero quizá lo sea. Lo presiento, hay momentos en los que habla nerviosamente.

Para dar a entender que la fiesta va a terminar y que los invitados van a marcharse, las mujeres cantan, dirigiéndose directamente al marido, algo que dice más o menos así: «Ahora protégeme. Si no me proteges es que no eres un hombre». Y la última canción, obligada: «No salimos de aquí si no bailas».

Para dar por concluida la ceremonia tienen que bailar los dos.

El marido hace bajar a su mujer —esta vez, la toca con un dedo, ella le pertenece— y bailan juntos. Hay algunos que no bailan, porque son tímidos. Mi hermana bailó mucho con su marido, y fue algo magnífico para toda la aldea.

Ahora el marido se lleva a la esposa a casa, ya ha caído la noche. Su padre le ha regalado una casa, de lo contrario no es un hombre. La casa de Husain no se encuentra lejos de la de sus padres, en la misma aldea. Se marchan a pie, los dos solos. Nosotros los miramos partir entre lágrimas. Incluso mi hermano está llorando. Lloramos porque ella nos ha dejado, lloramos porque no sabemos qué va a sucederle si no ha permanecido virgen para su marido. No estamos tranquilos. Habrá que esperar el momento en el que el marido mostrará la sábana por el balcón o la atará a la ventana al alba para que la gente constate oficialmente la mancha de sangre de la virgen. Esta sábana debe ser visible para todos, y tiene que venir a verla el máximo de gente de la aldea. No es suficiente que haya dos o tres testigos. La prueba podría ser refutada, nunca se sabe.

Me acuerdo de su casa, de su patio. Había un muro de piedra y de cemento que la rodeaba. Toda la gente esperaba de pie. De pronto, mi cuñado apareció con la sábana, y así provocó los *yuyus*. Los hombres silban, las mujeres cantan, dan palmas, porque el recién casado ha presentado la sábana. Es una sábana especial que se pone en la cama para la primera noche. Ahora Husain la tiende en el balcón con unas pinzas blancas a cada lado. La boda es blanca, la sábana es blanca, las pinzas son blancas. La sangre es roja.

Husain saluda a la muchedumbre y vuelve a meterse dentro. Es la victoria.

La sangre del cordero, la sangre de la mujer virgen, siempre la sangre. Recuerdo que en cada *Aïd* mi padre mataba un cordero. La sangre llenaba todo un barreño, y él sumergía un trapo en ella para pintar la puerta de entrada y las baldosas. Había que andar dentro para cruzar aquella puerta pintada de sangre hasta arriba. Me ponía enferma. Todo lo que él mataba me ponía enferma de miedo. Cuando era una niña me obligaron a mirar cómo mi padre mataba los pollos, los conejos, los corderos, y mi hermana y yo estábamos convencidas de que nos podía torcer el cuello como si fuéramos pollos, desangrarnos de la misma forma que lo hacía con un cordero. La primera vez me quedé tan aterrada que corrí a refugiarme a las piernas de mi madre para no ver, pero ella me obligó a mirar. Ella quería que supiera cómo mi padre mataba para que formara parte de la familia, para que no tuviera miedo. Y sin embargo yo he tenido siempre miedo, porque la sangre representaba a mi padre.

Al día siguiente de la boda, yo contemplé como los demás la sangre de mi hermana sobre la sábana blanca. Mi madre lloraba, yo también. En un momento así se llora mucho, porque hay que expresar la alegría, saludar el honor del padre que la ha conservado virgen. Y lloramos también de alivio, puesto que Noura había superado la gran prueba. La única prueba de su vida. Ahora ya sólo le quedaba demostrar que era capaz de dar a luz un hijo.

Yo espero lo mismo para mí, como es natural. Y estoy contenta de que se haya casado: después me llegará el turno a mí. En ese momento, es curioso, pero no pienso en Kainat, como si mi hermana, un año mayor que yo, no contara. ¡Pero, en cambio, le toca a ella casarse antes que a mí!

Y luego volvemos a casa. Y nos ponemos a arreglar el patio. La familia de la novia es la encargada de lavar los platos, limpiar, despejar el patio y queda mucho por hacer. A veces las vecinas vienen a echar una mano, pero no es ninguna norma.

A partir del momento en que se casa, Noura ya no viene mucho por casa; por otro lado tampoco tiene muchos motivos para venir, puesto que ahora se ocupa de su familia. Sin embargo, unos días después de la boda, menos de un mes en cualquier caso, regresó a casa a quejarse a mi madre, y lloraba. Como yo no podía preguntar qué pasaba, espié desde lo alto de la escalera para intentar comprender.

Noura le enseñó las magulladuras. Husain le había pegado tanto que tenía también la cara marcada. Se bajó el pantalón para enseñar los muslos amoratados y mamá lloraba también. Debió de arrastrarla por los suelos agarrada por el pelo. Todos los hombres lo hacen. Pero no escuché por qué Husain le había pegado. A veces es suficiente con que la joven esposa no sepa cocinar muy bien, que haya olvidado la sal, que no haya salsa porque olvidó agregar agua... todo eso basta para recibir una paliza. Noura se lamentó a mi madre, porque mi padre es demasiado violento y la hubiera hecho volver a su casa sin ni siquiera escucharla. Mamá la escuchó pero no la consoló; sólo le dijo: «Es tu marido, no pasa nada. Vuelve a tu casa».

Y Noura volvió. Apaleada como iba. Regresó a casa de su marido, que la había molido a palos.

No teníamos elección. Incluso si nos estrangulaba, no teníamos elección. Al ver a mi hermana en aquel estado hubiera podido decirme a mí misma que el matrimonio no sirve nada más que para recibir palizas como antes. Pero incluso ante la idea de ser apaleada, yo quería casarme más que nada en el mundo. Es algo muy curioso el destino de las mujeres árabes, al menos en mi pueblo. Se acepta de una forma natural. No nos viene a la cabeza ninguna idea de rebelión. Hasta ignoramos qué es la rebelión. Sabemos llorar, escondernos, mentir si hace falta para evitar el bastón, pero rebelarse, jamás. Sencillamente porque no tienes ningún otro lugar en el mundo que no sea la casa de tu padre o la de tu marido. Vivir sola resulta inconcebible.

Husain ni siquiera vino a buscar a su esposa. Tampoco ella se había quedado mucho tiempo, ¡mi madre tenía tanto miedo de que su hija quisiera volver a casa! Más adelante, cuando Noura se quedó embarazada y todos esperábamos que fuera un niño, se convirtió en la princesa de su familia política, de su marido y de mi familia. A veces me sentía celosa. Era más importante que yo en la familia. Ya antes de su boda hablaba más con mi madre, y después todavía estaban más unidas. Cuando se iban juntas en busca de heno, tardaban un poco más porque hablaban mucho entre ellas. Se encerraban en una habitación, con la puerta verde, me acuerdo, y yo pasaba por delante. Yo me quedaba sola, abandonada, porque mi hermana estaba tras esa puerta con mi madre, depilándose. La habitación servía también para almacenar el trigo, las aceitunas y la harina.

No sé por qué esa puerta ha regresado brutalmente a mi memoria. Yo la cruzaba a menudo, casi cada día, con sacos a cuestas. Alguna cosa inquietante ocurrió tras esa puerta, pero ¿qué? Creo que me escondí entre los sacos, por miedo. Me veo como si fuera un mono, agachada de rodillas en la oscuridad. Es una habitación con poca luz. Yo estoy ahí, escondida, con la frente hacia el suelo. El embaldosado es marrón, cuadraditos pequeños marrones. Y mi padre puso pintura blanca entre las baldosas. Tengo miedo de algo. Veo a mi madre. Lleva la cabeza tapada con un saco. Mi padre es quien le ha puesto el saco. ¿Era allí o en otra parte? ¿Lo hace para castigarla? ¿Tiene la intención de estrangularla? No puedo gritar. En cualquier caso, es mi padre, mantiene el saco bien ajustado tras la cabeza de mamá, veo su perfil, la nariz contra la tela. Con una mano la tiene cogida por el pelo y con la otra agarra el saco.

Va vestida de negro. ¿Quizá hubiera ocurrido algo, unas horas antes? ¿Qué? Mi hermana había venido a casa porque su marido la apaleaba. Mamá la escuchó, ¿es que mamá no puede lamentarse con su hija? ¿Quizá no debe llorar, o no debe intentar defenderla ante mi padre? Me parece que los recuerdos se encadenan a partir de esa puerta verde. La visita de mi hermana, yo escondida entre los sacos llenos de trigo, mi madre, a quien mi padre asfixia con otro saco vacío. Debí entrar allí para esconderme. Estoy habituada a esconderme. En el establo, en la habitación o en el armario del pasillo donde dejamos secar las pieles de cordero antes de llevarlas a vender. Cuelgan como en el mercado, y yo me escondo allá dentro, incluso si me ahogo, para que no me atrapen. Pero raramente me escondo entre los sacos de la reserva, tengo demasiado miedo de que salga una serpiente. Si me había escondido allá fue porque temía que a mí también me ocurriera algo malo.

Quizá fuera el día en que mi padre intentó asfixiarme con una piel de cordero, en una habitación del primer piso. Él quiere que le diga la verdad, que le diga si mamá lo ha engañado o no. Ha doblado la lana en dos. Y me aprieta en la cabeza. Prefiero morir que traicionar a mi madre. Incluso si la he visto con mis propios ojos esconderse con un hombre. Si digo la verdad, nos matará a las dos. Ni siquiera con un cuchillo en la garganta puedo traicionarla. Y ya no puedo respirar. ¿Me suelta o logro escaparme? En cualquier caso, corro a esconderme abajo, tras esta puerta verde, entre esos sacos inmóviles que parecen monstruos. Siempre me dieron miedo, metidos en esa habitación casi negra. ¡Soñaba que, de noche, mi padre iba a vaciarlos de trigo y los llenaba de serpientes!

He aquí cómo, a veces, retazos de mi vida anterior intentan ir encontrando su lugar en mi memoria. Una puerta verde, un saco, mi padre queriendo asfixiar a mi madre, o a mí para que hable, mi miedo a la oscuridad y las serpientes.

No hace mucho tiempo, estaba llenando una bolsa grande de basura y un trozo de papel de envolver de plástico se quedó pegado arriba de todo. Poco a poco, empezó a caer al fondo del cubo, haciendo un ruido muy particular. Me sobresalté, como si una serpiente fuera a salir del cubo. Me quedé casi temblando, y me eché a llorar como una niña pequeña.

Mi padre sabía cómo matar a una serpiente. Tenía un bastón especial, con dos ganchos en la punta. La sujetaba entre los dos ganchos y la serpiente ya no podía moverse. Entonces la mataba con un palo. Como era capaz de inmovilizar a las serpientes para matarlas, también podía meterlas en los sacos para que me mordieran cuando yo metiera la mano dentro para coger harina. Por eso me daba miedo aquella puerta verde, que me fascinaba también porque mi madre y mi hermana se depilaban tras ella, sin mí. Y porque yo seguía todavía sin que nadie me pidiera en matrimonio.

Sin embargo, el rumor había llegado a mis oídos cuando contaba apenas doce o trece años. Una familia les había hablado de mí a mis padres, de manera oficiosa. En algún lugar del pueblo había un hombre para mí. Pero había que esperar. A Kainat le tocaba antes que a mí.

Asad

Yo fui la única que salió corriendo, que gritó cuando su caballo resbaló y él cayó. Tengo siempre la imagen de mi hermano frente a mí: llevaba una camisa verde con muchos colores, y como había viento la camisa flotaba tras él. Estaba espléndido, encima de su caballo. Lo quería tanto, a mi hermano, que esta imagen no me ha abandonado nunca.

Creo que tras la desaparición de Hanan todavía estaba más cariñosa con él. Estaba a sus pies. No le tenía miedo, no temía que me hiciera daño... ¿Quizá porque era mayor que él? ¿Por qué estábamos más unidos? Sin embargo nos pegó, también él, cuando nuestro padre no estaba. Incluso una vez la tomó con mi madre. Se peleaban, él le tiraba de los pelos y ella lloraba... lo visualizo con claridad, a pesar de no acordarme del motivo de esa pelea. Me cuesta siempre mucho juntar las imágenes, darles un significado. Como si mi memoria palestina se hubiera esparcido en trocitos pequeños por la nueva vida que tuve que reconstruirme en Europa.

Hoy resulta difícil de comprender, después de lo que hizo mi hermano, pero en aquella época, una vez superado el pánico, está claro que no me había dado cuenta de que Hanan estaba muerta. No ha sido hasta ahora, repasando la escena que ha surgido en mi memoria, que no puedo pensar en otra cosa. Relacionando los acontecimientos entre ellos, lógicamente y con distancia. Por un lado, mis padres no estaban, luego cada vez que se produce un drama, es decir, que una mujer es condenada por su familia, aquel que debe ejecutarlo es el único que está presente. Después no volví a ver nunca más a Hanan en casa. Nunca más. Aquella noche Asad estaba loco de rabia, humillado por haber sido apartado del parto de su mujer, humillado por sus suegros. ¿Llegó la noticia de la muerte del bebé que esperaba a través de aquel teléfono? ¿Le habló mal Hanan? No lo sé. ¡La violencia en casa de mis padres, y en nuestra aldea en general, era algo tan recurrente y cotidiano, con las mujeres! Y yo quería tanto a Asad. Cuanto más odiaba mi padre a su hijo, más adoraba yo a mi único hermano.

Recuerdo su boda como una fiesta extraordinaria. Es probablemente el único recuerdo que conservo de verdadera felicidad en medio de ese pasado de locura. Yo debía de tener alrededor de dieciocho años y ya era vieja. Incluso me había negado a asistir a otro casamiento porque las niñas se burlaban claramente de mí. Comentarios, codazos, risitas desagradables a mi paso... Y yo lloraba todo el tiempo. A veces me daba vergüenza salir al pueblo con mi rebaño, temiendo las miradas de los demás. Yo no era mejor que la vecina del ojo manchado, a quien nadie quería. Mi madre me dio permiso para no asistir a la boda de una vecina, puesto que comprendía mi desesperación. Fue entonces cuando osé hablarle a mi padre: «¡Pero es tu culpa! ¡Deja que me case!». Seguía sin quererlo, y me golpeó en la cabeza: «¡Tu hermana debe casarse antes que tú! ¡Venga, desaparece!». Se lo dije una vez, no se lo volvería a decir más.

Pero para la boda de mi hermano toda la familia está contenta, y yo todavía más. Ella se llama Fatma y yo no comprendo por qué procede de una familia extranjera, de fuera de nuestro pueblo. ¿Es porque no había ninguna familia a nuestro alrededor con una hija casadera? Mi padre alquiló furgones para asistir a la boda. Uno para las mujeres y uno para los hombres; el de los hombres va delante, por supuesto.

Cruzamos las montañas, y cada vez que tomamos una curva las mujeres gritan *yuyus* para agradecer a Dios que nos haya protegido de caer al acantilado, de lo peligroso que es. El paisaje parece un desierto, el camino no está asfaltado, sino que es de tierra seca y negra, y las ruedas del vehículo de los hombres levantan una gran polvareda delante de nosotros. Pero todo el mundo baila. Yo tengo un tamborín sujeto entre las rodillas y acompaño los *yuyus* de las mujeres. También bailo, con mi fular, y lo hago muy bien. Todo el mundo baila, todos están contentos, ¡el chófer es el único que no baila!

La boda de un hermano es una fiesta mucho más grande que la de una hermana. Su esposa es joven, guapa, de talla pequeña y muy morena. Ya no es una niña, tiene más o menos la misma edad que Asad. En el pueblo, en casa, se burlaron un poco de mi padre y de mi madre porque mi hermano se vio «obligado» a casarse con una chica de edad madura, además de ser una desconocida. Debería haberse casado con una chica más joven que él, ¡no es normal casarse con alguien de la misma edad! ¿Y por qué ir a buscar fuera? Es una muchacha muy bonita, tiene la suerte de tener muchos hermanos. Mi padré se gastó gran cantidad de oro para pedir su mano. Recibió muchas joyas.

La boda dura tres días enteros de baile y fiesta. Y de regreso me acuerdo de que el chófer detuvo el furgón y seguimos bailando. Todavía me veo con mi fular y mi tamborín, el corazón feliz, orgullosa de Asad. Para nosotros es como el buen Dios, y es muy extraño este amor que siento por él, que no quiere desaparecer. Es el único al que soy incapaz de odiar, incluso si me pegaba, incluso si apaleaba a su mujer, incluso si se convirtió en un asesino.

A mis ojos es Asad el *ahouia*. Asad mi hermano. Asad *ahouia*. Hola, hermano Asad. Nunca me marcho a trabajar sin decirle: «¡Buenos días, mi hermano Asad!». Una auténtica devoción. De niños compartimos muchas cosas. Ahora que está casado y vive en nuestra casa con su mujer, sigo sirviéndolo. Si le llega a faltar agua caliente para su baño, yo voy a calentársela, le limpio la bañera, le lavo y le guardo la ropa. Se la recoso si hace falta, antes de volver a colocarla en su sitio.

Lo normal sería que no lo quisiera ni lo sirviera con tanto amor puesto que es como el resto de hombres. Muy poco después de su boda, Fatma recibe una paliza y lo avergüenza regresando a casa de sus padres. Y, al contrario de lo acostumbrado, su padre y su madre no la devuelven a nuestra casa por la fuerza el mismo día. Quizá es porque son más ricos, más modernos que nosotros o, como es la única hija, la quieren más, no lo sé. Creo que las peleas entre Asad y mi padre empezaron por este motivo. Mi hermano quiso a esta mujer de otro pueblo, obligó a su padre a dar mucho oro, y el resultado es que esa mujer tuvo un aborto espontáneo en vez de darle un hijo, y que nos causaba el oprobio de regresar a casa de sus padres. Yo no asistí a las reuniones de familia, por supuesto, y no hay nada en mi memoria que justifique las deducciones que hago hoy, pero me acuerdo perfectamente de mi padre en la terraza, con su cesto de piedras, tirándoselas una a una a Asad a la cabeza. Y del armario que mi hermano apoyó contra la puerta de su habitación para impedir que mi padre entrara. Quizá es que Asad quería la casa para él solo y se comportaba entonces como si le perteneciera. Creo que mi padre no quería que tuviera poder en la casa. Que lo privara de su autoridad y de su dinero.

Mi padre le decía a menudo a mi hermano: «¡Eres todavía un niño!».

A Asad le enfurecía porque estaba muy seguro de sí mismo y porque además nosotras lo mimábamos en exceso. Era el príncipe de la casa, y en nuestra cultura no hay que decirle nunca a un hombre que es un niño. ¡Es una humillación grave! Y él gritaba: «¡Esto es mi casa!». Mi padre no lo soportaba. En el pueblo, la gente se preguntaba qué tontería habría hecho Fatma, por qué iba tan a menudo a casa de su padre. ¿Quizá la habían visto con otro hombre? En casos así, los rumores corren deprisa. Corrían maledicencias sobre ella, pero no eran ciertas, ella era una buena chica. Por desgracia, si alguien dice una sola vez «es mala», para todo el pueblo se convierte en una chica mala y ya está, ya tiene el mal de ojo encima.

A mi madre todo esto le producía tristeza. A veces intentaba calmar a mi padre cuando éste la tomaba con Asad:

—¿Por qué lo haces? ¡Déjalo en paz!

—¡Me dan ganas de matarlo! ¡Y si intentas protegerlo, también a ti te llegará el turno!

Vi a Fatma tumbada en el suelo mientras mi hermano le pegaba patadas en la espalda. Un día apareció con el ojo muy rojo, y toda la cara amoratada. Pero no podíamos decir ni hacer nada. Entre la violencia del padre y la del hijo, ya sólo nos quedaba escondernos para no ser golpeadas también nosotras.

¿Amaba mi hermano a su esposa? Para mí, el amor es un misterio en esos momentos. En casa se habla de matrimonio, nunca de amor. De obediencia y de sumisión totales, no de relaciones de amor entre hombre y mujer. Sólo de una relación sexual obligatoria entre una muchacha virgen comprada por su marido. Si no, el olvido o la muerte. Así pues, ¿dónde está el amor? Sin embargo recuerdo a una mujer de mi aldea, la que vivía en la casa más bonita con su marido y sus hijos. Eran conocidos por el lujo de su casa y por su riqueza. Los niños iban al colegio. Era una gran familia, puesto que siempre se casaban entre primos. Su casa estaba toda embaldosada. Incluso el camino que llevaba al exterior estaba embaldosado. En las otras casas era de piedras pequeñas o de arena, a veces asfaltado. En la suya era una bonita entrada, con árboles en primer término. Había un hombre que cuidaba el jardín y el patio, rodeado por una verja de hierro forjado que brillaba como el oro. Esa casa se veía desde lejos. En mi cultura adoramos todo lo que brilla. Si un hombre tiene un diente de oro, significa que es rico. Y cuando se es rico, hay que demostrarlo. Esta casa era moderna y totalmente nueva, con un exterior magnífico. Había siempre dos o tres coches aparcados delante. Yo no había entrado nunca, por supuesto, pero cuando pasaba por delante con mis ovejas su imagen me hacía soñar. Su propietario se llamaba Hasán. Era un señor muy alto, muy moreno y elegante. Él y su mujer estaban muy unidos, se les veía siempre juntos. Ella estaba embarazada de gemelos y estaba a punto de parir. Por desgracia, el parto fue mal, los gemelos sobrevivieron pero ella murió. Paz para su alma, puesto que era muy joven. Es el único entierro que vi en mi pueblo. Lo que más me emocionó y me impresionó fue ver cómo gritaba y lloraba toda su familia siguiendo la camilla en la que reposaba el cuerpo, y su marido más que nadie. De dolor, se desgarraba la larga camisa blanca tradicional mientras caminaba tras el cuerpo sin vida de su esposa. Y su suegra se desgarraba también el vestido. Pude ver los pechos desnudos de esa mujer anciana que caían sobre el vientre bajo entre los pedazos de la tela rota. Jamás había visto una desesperación tan grande. Esa mujer a la que enterrábamos era amada, su muerte afligía a toda su familia, a todo el pueblo.

¿Estaba yo presente? ¿Vi el entierro desde la terraza? Más bien desde la terraza, puesto que era demasiado joven. En cualquier caso, lloré. Había un montón de gente, desfilaron lentamente por el pueblo. Y a este hombre que gritaba su pena, que se desgarraba la camisa, no lo olvidaré jamás. Era tan atractivo, proclamando sus gritos de amor hacia su esposa.

Era un hombre lleno de dignidad y de encanto.

Los padres de mi madre y de mi tío vivían en el pueblo, y su padre, Mounther, era también un hombre de aspecto muy cuidado. Era muy alto, como su hijo, bien afeitado, siempre bien puesto, incluso si iba vestido con el traje tradicional. Llevaba siempre su «rosario» en la mano y contaba las cuentas una tras otra entre sus largos dedos. A veces venía a fumar la pipa con mi padre y parecían llevarse bien. Pero un día mi madre se fue de casa para ir a dormir a casa de sus padres, porque mi padre le había pegado demasiado. Nos dejó solos con él. En nuestro país, una mujer no puede llevarse a sus hijos con ella. Sean niñas o niños, se quedan con el padre. Y cuanto más mayor me hacía, más le pegaba él y más a menudo se marchaba ella. Era el abuelo Mounther quien la hacía regresar a casa por fuerza. A veces se marchaba una semana, a veces un día, o una noche. Una vez se marchó más de un mes y mi abuelo ya no quería hablar con mi padre.

Creo que si mi madre hubiera muerto, jamás hubiera tenido un entierro como el de esa mujer, y mi padre no hubiera gritado ni llorado rasgándose los vestidos como aquel señor Hasán. Él no amaba a mi madre.

Debería haberme convencido de que el amor, en nuestro país, no existía en absoluto, en cualquier caso, no en nuestra casa. Al fin y al cabo, yo no tenía más que a mi hermano para amar, a pesar de su violencia, y a veces de su locura. Mis hermanas también lo amaban. Noura ya no vivía en casa, pero Kainat era como yo, ella lo protegía y lo aplaudía cuando montaba a caballo.

Aparte de las hermanas pequeñas, demasiado pequeñas para soñar con casarse, ya no quedaba nadie más en casa. Dos solteronas. En lo que respecta a Kainat, yo tenía la sensación de que estaba resignada. No era una mujer fea, pero... no era muy bonita, ni tampoco sonreía. Kainat era distinta de mí. Quizá éramos dos campesinas mal vestidas, mal peinadas... pero yo era bajita y delgada, y ella era bastante corpulenta, con demasiado pecho. En nuestro país, a los hombres les gustan las mujeres más bien redondas, pero no aprecian hasta tal punto los pechos grandes. Ella no debía de gustar, y eso la entristecía y no podía esforzarse por ser más guapa. Kainat había engordado comiendo lo mismo que yo, no era culpa suya. Y, de todos modos, ni ella ni yo teníamos posibilidades de ponernos más guapas de lo que Dios nos había hecho. ¿Con qué? No teníamos vestidos bonitos, siempre los mismos pantalones blancos o grises, ni llevábamos maquillaje ni joyas. Y vivíamos encerradas como dos gallinas viejas, pasando siempre cerca de las paredes, contando los pasos, con la cabeza gacha desde el momento en que salíamos de casa con el rebaño de ovejas.

Aunque Kainat no tiene esperanzas y me cierra el camino del matrimonio, yo sé, de todos modos, que hay un hombre que ha pedido mi mano. Mi madre me dijo: «El padre de Faiez ha venido y ha pedido tu mano para su hijo. Pero de momento no podemos hablar de boda, hay que esperar por tu hermana».

Desde entonces lo imagino esperándome, e impacientándose por la negativa de mis padres.

Mi hermano Asad lo conoce. Vive en la casa de enfrente de la nuestra, al otro lado de la calle. Su familia no es de campesinos como nosotros, no trabajan demasiado en su jardín. Sus padres tuvieron tres hijos, y les queda Faiez, que todavía no se ha casado. En su casa no hay hijas, por eso no está rodeada de un muro sino de una bonita verja, y la puerta no está nunca cerrada con llave. Las paredes son de color rosa y el coche que está siempre aparcado delante es gris.

Faiez trabaja en la ciudad. No sé a qué se dedica, pero me imagino que está en un despacho como mi tío. En cualquier caso está mucho mejor que Husain, el marido de mi hermana mayor. Husain lleva siempre ropa de obrero, nunca demasiado limpia, y huele mal.

Faiez es la elegancia, con su bonito coche de cuatro plazas que arranca cada mañana.

Entonces empecé a espiar su coche para mirarlo. El mejor observatorio es el terrado en el que sacudo la alfombra de lana de oveja, en el que recojo la uva o tiendo la ropa. Si voy con mucho cuidado siempre puedo encontrar algo que hacer allá arriba.

Al principio advertí que aparcaba siempre el coche en el mismo sitio, a pocos pasos de la puerta. Como no podía quedarme mucho tiempo en el terrado para adivinar a qué hora salía de su casa, me llevó varios días saber que se iba cada día hacia las siete de la mañana, una hora en la que me resultaba muy fácil encontrar alguna cosa para hacer arriba.

La primera vez que lo vi tuve suerte. Me había dado prisa para limpiar el establo y llevaba heno bien seco para una cabra enferma que estaba a punto de parir. Estaba a dos o tres pasos, con el heno en los brazos, cuando él salió. Elegante como mi tío, con un traje, unos bonitos zapatos negros y beis con cordones, un maletín en la mano, el pelo muy negro, la tez morena y un aire orgulloso.

Bajé la cabeza, hundiendo la nariz en el heno. Escuché el ruido de sus pasos hasta el coche, el ruido de la puerta que se cerraba, el rumor del motor y el desplazamiento de los neumáticos sobre la gravilla. No volví a levantar la cabeza hasta que vi cómo se alejaba el coche, y esperé a que desapareciera mientras el corazón me latía con fuerza dentro del pecho y las piernas me temblaban. Y entonces me dije: «Quiero a este hombre por marido. Lo amo. Lo quiero. Lo quiero...».

Pero ¿cómo hacerlo? ¿Cómo pedirle que fuera él mismo a suplicarle a mi padre que concretara el matrimonio? De entrada, ¿cómo hablarle? Una chica no debe hablarle a un hombre. Ni siquiera debe mirarle a la cara. Él es inaccesible, e incluso si él quiere que nos casemos, no es él quien lo decide. Es mi padre, siempre él, y me mataría si supiera que me he demorado un minuto en el camino con mi gavilla de heno para llamar la atención de Faiez.

Aquel día no esperaba tanto, pero quería que me viera, que supiera que yo también esperaba. Entonces decidí hacer todo lo posible para encontrarme con él a escondidas y hablarle. Aun a riesgo de que me mataran a pedradas o a bastonazos. Ya no estaba dispuesta a esperar meses o años a que Kainat se marchara de casa, era demasiado injusto. No quería envejecer más y convertirme en el blanco de las burlas de la aldea. No quería perder la esperanza de marcharme con un hombre, de liberarme de las brutalidades de mi padre.

Cada mañana y cada noche estaré en mi terrado, mirando a mi amor, hasta que él levante la mirada hacia mí y me haga una señal. Una sonrisa. De lo contrario, estoy segura de que irá a pedir la mano de otra muchacha, de la aldea o de otro lugar. Y, un día, veré a una mujer en mi lugar subiendo a este coche.

Ella me robará a Faiez.

El secreto

Soy consciente de estar arriesgando la vida por esta historia de amor que empieza hace más de veinticinco años en mi pueblo natal de Cisjordania. Una aldea minúscula, entonces en territorio ocupado por los israelíes, y de la cual todavía no puedo decir el nombre. Puesto que mi vida sigue en peligro, incluso a miles de kilómetros de distancia. Allá estoy oficialmente muerta, mi existencia se olvidó hace mucho tiempo, pero si hoy regresara me matarían de nuevo por el honor de mi familia. Es el derecho consuetudinario.

En el terrado de mi casa familiar, esperando la aparición del hombre al que amo, soy una muchacha en peligro de muerte. Sin embargo, yo sólo pienso en una cosa: el matrimonio.

Es primavera. No sabría decir qué mes, probablemente abril. En mi pueblo no se cuenta de la misma manera que en Europa. No sabemos nunca la edad exacta del padre o de la madre, ignoramos la fecha del propio nacimiento. Calculamos el tiempo en función del Ramadán, de la época de las cosechas, o de la recogida de los higos. Nos guiamos por el sol a lo largo de toda la jornada de trabajo, que empieza y acaba con él.

Creo tener diecisiete años, más tarde sabré que sobre el papel tengo diecinueve. Pero ignoro la existencia de ese papel, o cómo se estableció. Es muy posible que mi madre hubiera confundido el nacimiento de una de sus hijas con el de otra en el momento de tener que darme una existencia oficial. Soy madura desde la aparición de mi menstruación, apta para el matrimonio desde hace tres o cuatro períodos de Ramadán. Me convertiré en una mujer el día de mi boda. Mi propia madre sigue siendo joven pero ya parece vieja; mi padre es mayor porque ya no tiene dientes.

Faiez es claramente mayor que yo, pero eso es bueno. De él espero que me dé seguridad. Mi hermano Asad se casó demasiado joven con una mujer de su edad, y si por desgracia ella no le da hijos, un día necesitará otra mujer.

Aguardo los pasos de Faiez sobre el camino de gravilla. Sacudo la alfombra de lana sobre el borde del terrado, y él levanta la mirada. Me observa y sé que me ha comprendido. Sin ningún gesto, sobre todo sin decir nada, sube al coche y se va. Mi primera cita ha durado el tiempo de comer una aceituna, una emoción inolvidable.

A la mañana siguiente, más aventurera, finjo correr detrás de una cabra para pasar por delante de su casa. Faiez me sonríe, y como el coche no arranca de inmediato, sé que me observa tomar la dirección del prado con el rebaño. Esta mañana el aire es más fresco, lo cual me ha permitido ponerme la chaqueta roja de lana, mi única prenda nueva, abotonada desde el ombligo hasta el cuello, y que me hace más bonita de mirar. Si pudiera danzar entre las ovejas, lo haría. Mi segunda cita duró más tiempo, puesto que al girarme lentamente a la salida del pueblo pude ver que el coche todavía no había arrancado.

No puedo ir más lejos con mis señales. Ahora le toca a él decidir cómo lo va a hacer para poder hablarme a escondidas. Sabe adónde voy, y en qué momento.

Al día siguiente mi madre no está, mi padre se ha ido con ella a la ciudad, mi hermano está con su mujer y Kainat se encarga del establo y de las hermanas pequeñas. Me quedo sola para ir a buscar hierba para los conejos. Al cabo de un cuarto de hora de andar, Faiez aparece ante mí. Me ha seguido discretamente y me saluda. Su presencia repentina me alarma. Miro a mi alrededor, inquietándome por si aparece mi hermano, o alguna mujer de la aldea. No hay nadie, y me fijo en la protección de un terraplén bastante alto al final del campo y Faiez me sigue hasta allí. Siento vergüenza, me miro los pies, me arrugo el vestido y jugueteo con los botones de mi chaqueta; no sé qué decir. Él adopta una postura ventajosa, con un tallo de trigo verde entre los dientes, y me examina:

—¿Cómo es que no te casas?

—Debo encontrar al hombre de mi vida y antes ha de casarse mi hermana.

—¿Te ha hablado de algo, tu padre?

—Me dijo que tu padre había venido a verlo, hace tiempo.

—¿Vives bien en tu casa?

—Si me ve contigo me pegará.

—¿Te gustaría que nos casáramos nosotros?

—Pero mi hermana ha de casarse antes...

—¿Tienes miedo?

—Sí, tengo miedo. Mi padre es malo. Es peligroso también para ti. Mi padre podría pegarme, y pegarte a ti también.

Permanece tranquilamente sentado tras el terraplén, mientras que yo me apresuro a recoger hierba. Parece estar esperándome, sin embargo sabe muy bien que no puedo volver a la aldea con él.

—Tú quédate aquí, yo volveré sola.

Y me apresuro a regresar a casa, orgullosa de mí misma. Quiero que se lleve una buena impresión, que me considere una buena chica. Debo cuidar mucho mi reputación ante él, puesto que soy yo quien le ha llamado la atención.

Nunca me había sentido tan feliz. Estar con él, tan cerca, aunque sólo hubieran sido unos minutos, es algo maravilloso. Lo siento por todo mi cuerpo, sin poder definirlo con claridad en aquel preciso instante. Soy de lo más ingenua y no he recibido más educación que una cabra, pero esa sensación de fascinación es la de la libertad de mi corazón y también de mi cuerpo. Por primera vez en mi vida soy alguien, porque he decidido por mí misma hacer lo que hago. Estoy viva. No obedezco ni a mi padre ni a nadie más. Al contrario, desobedezco.

Mi memoria de esos instantes y de los que van a seguir es bastante clara. De antes es casi inexistente. No me veo, no sé a qué me parezco, ni si soy guapa o no. No tengo consciencia de ser un ser humano, de pensar, de tener sentimientos. Conozco el miedo, la sed cuando hace calor, el sufrimiento y la humillación de estar atada como un animal en el establo y de ser golpeada hasta que ya no siento la espalda. El pavor de ser asfixiada o empujada al fondo de un pozo. He recibido dócilmente tantos golpes. Aunque mi padre ya no pueda correr tan rápido, encuentra siempre la manera de atraparnos. Le resulta fácil golpearme la cabeza en el borde de la bañera porque he derramado agua. Sencillo pegarme en las piernas con el bastón porque el té llega con un poco de retraso. Cuando se vive así no se puede reflexionar sobre la propia persona. Mi verdadera primera cita con Faiez, en el campo de trigo verde, me da por primera vez en mi vida la idea de quién soy. Una mujer, impaciente por encontrarse con él, que lo ama y que está decidida a convertirse en su esposa a cualquier precio.

Al día siguiente, en el mismo camino, espera a que yo pase para ir al campo y venir a reunirse conmigo.

—¿Miras a otros chicos, aparte de mí?

—No, jamás.

—¿Quieres que hable con tu padre para que nos casemos?

Quisiera besarle los pies por esto. Quisiera que fuera a verlo ahora mismo, en este minuto, que corriera a anunciarle a su padre que él, Faiez, no quiere esperar más, que hay que pedir mi mano a mi familia, aportar oro y joyas por mí y preparar una gran fiesta. «Para la próxima vez te haré una señal, y no te pongas la chaqueta roja para encontrarte conmigo, se ve demasiado, es peligroso.»

Los días pasan, el sol se levanta y se pone, y mañana y tarde espero una señal suya desde el terrado. Ahora estoy segura de que está enamorado. A nuestra última cita no vino. Lo esperé durante mucho rato, más de un cuarto de hora, arriesgándome a llegar tarde a casa y a que mi padre me pillara. Me sentía inquieta y desgraciada, pero la vez siguiente sí que vino. Le vi llegar de lejos por el camino, me hizo una señal para que me escondiera al fondo de todo del campo, tras el desnivel en el que nadie nos podía ver, puesto que las hierbas son muy altas.

—¿Por qué no viniste?

—Sí que vine, pero me escondí más lejos, para ver si te encontrabas con alguien más.

—No miro a nadie más.

—Los chicos silban cuando tú pasas.

—Mis ojos no van ni a la derecha ni a la izquierda. Soy decente.

—Ahora lo sé. He visto a tu padre. Nos casaremos pronto.

Lo había hecho, había ido a ver a mi padre después de nuestra segunda cita. E incluso si la fecha todavía no estaba fijada, no acabaría el año sin que me hubiera casado.

Hace un día bello y caluroso, los higos todavía no están maduros, pero estoy segura de que no tendré que esperar al comienzo del verano y de las cosechas antes de que mi madre prepare la cera caliente para depilarme. Faiez se acerca a mí, muy cerca. Cierro los ojos, tengo un poco de miedo. Siento su mano detrás del cuello y me besa en la boca. Lo rechazo de inmediato, sin decir palabra, pero mi gesto significa: «Atención, no vayas más lejos».

«Hasta mañana. Espérame, pero no en el camino, es demasiado peligroso. Escóndete aquí, en la cuneta. Vendré después de trabajar.»

Se marcha primero. Espero a que esté lo bastante lejos para volver como siempre, pero esta vez más nerviosa. Este beso, el primero de mi vida, me ha trastornado. Y al día siguiente, viéndolo acercarse desde mi escondite, se me acelera el corazón. En casa, nadie sospecha nada de mis encuentros secretos. Por la mañana, mi hermana me acompaña a veces a llevar a las ovejas y las cabras, pero casi siempre acaba marchándose a ocuparse del establo y de la casa, y por la tarde me quedo sola. La hierba está bien alta en primavera, las ovejas deben aprovecharlo, es sobre todo a ellas a las que tengo que agradecer estas oportunidades de salir a solas. Es una falsa libertad que me concede mi familia, puesto que mi padre controla siempre el momento de mi partida y el de mi regreso. La aldea, los vecinos están ahí para recordarme que no tengo derecho a ningún extravío. Me comunico con Faiez por signos visibles desde la terraza. Un movimiento de cabeza basta para saber que vendrá. Pero si lo veo subir a su coche rápidamente sin levantar la vista, sé que no vendrá. Ese día sé que va a venir, me lo ha confirmado. Y tengo el fuerte presentimiento de que va a ocurrir algo.

Tengo miedo de que Faiez quiera algo más que un beso, y al mismo tiempo lo deseo sin saber muy bien lo que me espera. Temo rechazarle si quiere ir demasiado lejos y que se enfade. También confío en él, puesto que sabe que no debo dejarme tocar antes del casamiento. Sabe bien que no soy una *charmuta.* Y me ha prometido casarse conmigo. Pero, así y todo, tengo miedo, a solas en este prado, con el rebaño. Escondida tras los hierbajos, vigilo al mismo tiempo los animales y el camino. No veo a nadie. El prado está magnífico, con flores. Las ovejas están tranquilas, en esta época del año se pasan el rato comiendo sin buscar esconderse como en pleno verano, cuando la hierba es más escasa.

Lo esperaba por la derecha, pero Faiez llega por el otro lado, por sorpresa. Está bien, es cauteloso para que no le vean; me protege. Lleva un pantalón ajustado desde la cintura hasta las rodillas, y más ancho hasta los pies. Es la moda entre los hombres que se visten a la manera moderna, a la occidental. Lleva un jersey blanco de manga larga, con el cuello de pico, que deja ver el pelo de su pecho. Lo encuentro elegante, chic, a mi lado. Le he obedecido, yo no me he puesto la chaqueta roja, para que no me vean de lejos. Llevo un vestido gris y un *saroual* del mismo color. Me he encargado de lavar bien la ropa, puesto que, con el trabajo, a menudo la llevo sucia. Me he tapado el pelo con un pañuelo blanco, pero echo de menos mi bonita chaqueta roja; me hubiera gustado estar más guapa.

Nos sentamos en el suelo, nos besamos. Me pone la mano en el muslo, yo no le dejo. Se enfada. Me mira a los ojos con maldad:

—¿Por qué no quieres? ¡Déjate hacer!

Tengo tanto miedo de que se marche, que se busque a otra... puede hacerlo cuando quiera, mi futuro marido es un hombre guapo. Le quiero, no quisiera ceder, tengo demasiado miedo, pero todavía me asusta más perderle. Él es mi única esperanza. Entonces lo dejo hacer sin saber muy bien lo que va a sucederme, o hasta dónde llegará. Él está aquí, frente a mis ojos, y quiere tocarme, no importa nada más. El sol no tardará en descender, hace menos calor, no me queda mucho tiempo antes de tener que irme a guardar el rebaño. Me empuja hacia la hierba y hace lo que él quiere. Yo ya no digo nada, no hago ningún gesto para rechazarlo. Él no se muestra violento, no me fuerza, sabe muy bien lo que hace. El dolor me coge por sorpresa. Yo no me lo esperaba, pero no es por su culpa por lo que lloro. Él no dice nada ni antes ni después, no me pregunta por qué lloro, y yo ni siquiera sé por qué tengo tantas lágrimas. No sabría qué decirle si me lo preguntara. Yo no quería. Soy virgen, no sé nada del amor entre un hombre y una mujer, nadie me ha enseñado nada. La mujer debe sangrar, con su marido, es todo lo que aprendí desde mi niñez. Él hace lo que quiere en silencio, hasta que sangro, y entonces pone cara de sorpresa, como si no se lo esperara. ¿Se pensaba tal vez que yo ya lo había hecho con otros hombres? ¿Porque me iba sola con las ovejas? Él mismo había dicho que me había vigilado, y que yo era una chica seria. No me atrevo a mirarlo a la cara, me da vergüenza. Me levanta el mentón y me dice:

—Te quiero.

—Yo también te quiero.

No comprendí en aquel momento que estaba orgulloso de sí mismo. No fue hasta mucho más tarde que le recriminé haber dudado de mi honor, haberse aprovechado de mí cuando sabía todo lo que yo arriesgaba. Yo no quería hacer el amor con él escondidos en una cuneta, quería lo que quieren todas las muchachas de mi pueblo: casarme, que me depilaran como Dios manda, ponerme un precioso vestido e irme a dormir a su casa. Quería que al amanecer él le enseñara a todo el mundo la sábana blanca manchada. Quería escuchar los *yuyus* de las mujeres. Él se aprovechó de mi miedo, sabía que cedería para no perderlo.

Corrí a esconderme, un poco más lejos, para limpiarme la sangre de los muslos y volver a vestirme, mientras él volvía a poner sus prendas de ropa tranquilamente en orden. Luego le supliqué que no me dejara, que organizara nuestra boda muy pronto. Para una muchacha, dejar de ser virgen es lo más grave; para ella todo ha terminado.

—Jamás te abandonaré.

—Te quiero.

—Yo también te quiero. Ahora regresa a casa, cámbiate de ropa y haz como si nada hubiera pasado. Sobre todo, en casa, no llores.

Se marchó antes que yo. Yo ya no lloraba, pero estaba un poco mareada. Era asquerosa, toda aquella sangre. Hacer el amor con un hombre no era ninguna fiesta. Me había hecho daño, me sentía sucia, no tenía agua para lavarme, tan sólo hierba para secarme, sentia todavía el ardor en el vientre y todavía tenía que juntar el rebaño para volver, con el pantalón sucio. Y lavar la ropa a escondidas. Mientras andaba de prisa por el camino, pensaba que no iba a volver a sangrar, pero me preguntaba si me iba a doler siempre con mi marido. ¿Iba a ser siempre tan desagradable como ésta?

Al llegar a casa, ¿tengo la misma cara de siempre? No lloro, pero por dentro sufro y tengo miedo. Me doy cuenta de lo que he hecho. Ya no soy una niña. Ahora ya no estoy segura hasta que no me haya casado. La noche de bodas ya no voy a ser virgen. Pero no tiene importancia, puesto que él sabe que con él era virgen. Ya me las arreglaré, me cortaré con un cuchillo, mancharé con mi sangre la sábana de bodas. Seré como todas las otras mujeres.

Espero tres días. Espío desde el terrado, esperando a que Faiez me haga una señal para encontrarnos. Esta vez, me lleva a un pequeño refugio de piedras, al otro extremo del campo. Normalmente sirve para resguardarse de la lluvia. Esta vez no sangro. Me vuelve a doler, pero tengo mucho menos miedo. Ha vuelto, eso es todo lo que me importa. Está aquí, y lo amo todavía más. Lo que hace con mi cuerpo no tiene importancia, yo lo amo con la cabeza. Él es toda mi vida, toda la esperanza de abandonar la casa de mis padres, de convertirme en una mujer que anda por la calle junto a un hombre, que sube a su lado en el coche, para a ir a las tiendas a comprar vestidos, y zapatos, y al mercado...

Estoy contenta de estar con él, de pertenecerle... Es un hombre, un hombre de verdad. Ya he visto que para él no era la primera vez, ya sabe cómo hacerlo. Confío en él para el casamiento, no sabe cuándo y yo tampoco, pero no se lo pregunto. En mi cabeza es algo seguro.

Mientras tanto hay que ir con mucho cuidado para que nadie me denuncie. Para la próxima cita voy a cambiar de camino. Calculo el tiempo que me va a llevar de más, y mientras no oso salir sola de casa por la puerta de hierro. Espero a estar con mi madre o mi hermana. Sigo espiando siempre la partida de Faiez cada mañana. Cuando oigo sus pasos por la gravilla, me acerco rápido al murete de cemento. Si fuera hay alguien más, me doy la vuelta; si no hay nadie, espero a que me haga una señal. Llevo ya dos citas desde que he dejado de ser virgen. No podemos vernos todos los días, sería una imprudencia. La señal para la tercera cita no llega hasta seis días más tarde. Sigo teniendo miedo, y sigo confiando en él. En el campo estoy atenta al más mínimo ruido; evito quedarme en un extremo del prado. Espero, sentada sobre la hierba del foso, con mi bastón, observo cómo las abejas se pasean por las flores silvestres, sueño con el día cercano en el que no voy a cuidar más las ovejas y las cabras, en el que no tendré que sacar más el abono del establo. Él vendrá, me quiere, y cuando vuelva a marcharse le diré, como la primera y la segunda vez: «No me abandones».

Hacemos el amor por tercera vez. El sol está amarillento, tengo que volver a ordeñar las vacas y las cabras. Le digo:

—Te quiero, no me abandones. ¿Cuándo vas a volver?

—No podemos volver a vernos de inmediato. Vamos a esperar un poco. Hay que ir con cuidado.

—¿Hasta cuándo?

—Hasta que te haga una señal.

En esos momentos, mi historia de amor ha durado una quincena de días, el tiempo de tres encuentros en el campo de las ovejas. Faiez hace bien en ser prudente, y yo debo tener paciencia, esperar a que mis padres hablen conmigo, como lo hicieron con mi hermana Noura. ¡Mi padre ya no puede esperar a casar a Kainat antes que a mí! Ya que Faiez ha pedido mi mano, y que ella sigue siendo una solterona a los veinte años, puede deshacerse de mí. ¡Le quedan dos niñas más! Khadija y Salima, las pequeñas, trabajarán cuando haga falta con mi madre y se ocuparán del rebaño y de las cosechas. Fatma, la mujer de mi hermano, vuelve a estar embarazada y parirá muy pronto. También ella puede trabajar. Espero mi suerte siempre con un poco de miedo, puesto que no depende de mí. Pero espero demasiado tiempo. Los días pasan y Faiez sigue sin hacerme ninguna señal. Espero igualmente, cada atardecer, verlo aparecer como él sabe hacer, como quien viene de la nada, por la derecha o la izquierda del foso en el que me escondo.

Una mañana, en el establo, me siento extraña. El olor del abono me tira de espaldas. Mientras preparo la comida, es el olor de la carne de cordero lo que me da náuseas. Estoy nerviosa, tengo ganas de llorar o de dormir sin motivo aparente. Cada vez que Faiez sale de su casa mira hacia otro lado, sin hacerme ninguna señal. El tiempo se espacia, ahora ya es demasiado largo, y yo no sé cuándo tuve la regla, ni cuándo debería haberme vuelto. A menudo he oído a mi madre preguntarle a mi hermana Noura:

—¿Tienes la regla?

—Sí, mamá.

—Entonces no será ahora.

O al contrario: «¿No te ha venido la regla? Está bien, quiere decir que estás embarazada».

Y yo no la veo venir, la mía. Lo compruebo varias veces al día. Cada vez que voy al baño, a escondidas, miro si me sale sangre. A veces me siento tan extraña que recupero la esperanza. Pero sigue sin ser la regla. Y tengo tanto miedo que el miedo mismo me cierra la garganta como si fuera a vomitar. Ya no me siento como antes, no tengo ganas de trabajar, ni de levantarme. Mi naturaleza ha cambiado.

Intento encontrar una razón que no sea lo peor. Me pregunto si la conmoción de dejar de ser virgen cambia a las muchachas de esta manera. ¿Es posible que la regla no te vuelva de inmediato? No puedo informarme sobre esta explicación tan ingenua. La más mínima pregunta sobre este tema haría caer sobre mí la cólera de Dios.

Pienso en ello constantemente, a cada momento del día y, sobre todo, de la noche, cuando me duermo cerca de mis hermanas. Si estoy embarazada, mi padre me asfixiará bajo una piel de oveja. Por la mañana, cuando me levanto, me siento feliz de seguir viva.

Me da miedo que alguien de la familia se dé cuenta de que no estoy normal. Tengo náuseas ante el plato de arroz dulce, y náuseas en el establo. Me siento cansada, tengo las mejillas pálidas, seguro que mi madre se dará cuenta y me preguntará si me encuentro bien. No he estado nunca enferma. Entonces me escondo, hago ver que estoy bien, pero cada vez me resulta más difícil. Y Faiez no aparece. Sube a su coche con su bonito traje, su maletín y sus zapatos impecables, y arranca tan rápido que la tierra hace remolinos tras él. Empieza el verano. Hace mucho calor desde primera hora de la mañana. Debo sacar el rebaño al alba y volverlo a meter en el establo antes de que el sol sea demasiado fuerte. Ya no puedo vigilarlo desde la terraza, pero es absolutamente necesario que hablemos de la boda, puesto que me ha salido una mancha extraña en la nariz. Es una pequeña mancha marrón, que intento esconder porque sé lo que significa. A Noura le salió una igual cuando se quedó embarazada. Mi madre me miró con extrañeza:

—¿Qué te has hecho aquí?

—Es *henna,* me he frotado con los dedos, ha sido sin querer.

Es cierto que me he puesto *henna,* ensuciándome expresamente la nariz. Pero esta mentira no puede durar mucho. Estoy embarazada, y hace más de un mes que no he vuelto a ver a Faiez.

Es imprescindible que hable con él. Un atardecer, antes de caer el sol, pongo agua a calentar en el patio, como si fuera a hacer la colada, y subo al terrado con la ropa, más o menos a la hora en la que sé que va a volver. Esta vez, le hago una señal con la cabeza e insisto con varios gestos, para hacerle comprender: «Quiero verte, voy hacia allá, tienes que seguirme...».

Me ha visto y me escapo, en vez de ir a atender a una oveja enferma como he hecho creer en casa. La oveja está realmente enferma, esperamos a que para y no es la primera vez que me quedo a su lado. Incluso he llegado a dormir una noche entera acostada sobre la paja, por miedo a no oírla.

Llega al rincón de nuestras citas poco tiempo después que yo, e intenta de inmediato hacerme el amor, convencido de que lo he llamado para esto. Yo retrocedo:

—No, no es para esto para lo que quería verte.

—Y, entonces, ¿por qué?

—Quiero hablarte.

—Hablaremos después... ¡Ven!

—Tú no me quieres, ¿no podemos vernos sólo para hablar?

—Sí te quiero, te quiero tanto que cada vez que te veo deseo tenerte.

—Faiez, la primera vez no quería nada, luego tú me abrazaste, y yo acepté tres veces; hoy no me ha venido la regla.

—¿Quizá se te haya retrasado?

—No, no se me retrasa nunca, y me siento extraña.

Se le quitan las ganas. Lo veo en su cara: se ha quedado blanco.

—¿Qué vamos a hacer?

—Tenemos que casarnos rápidamente; ¡ahora! No podemos esperar, hay que ir a ver a mi padre, aunque no haya celebración, ¡me da igual!

—La gente del pueblo hablará, ¡eso no se hace!

—¿Cómo lo vamos a hacer, para lo de la sábana en el balcón?

—Por eso no te preocupes, ya lo haré yo, yo me encargo. Pero no podemos celebrar una boda discreta, habíamos hablado de una boda a lo grande, celebraremos una boda a lo grande. Voy a hablar con tu padre. Espérame aquí mañana, a la misma hora.

—Pero a mí no siempre me es posible. Tú eres un hombre, haces lo que tú quieres... Espera a que te haga una señal. Si puedo, me verás trenzándome el pelo. Si no me quito el pañuelo, no vengas.

Al día siguiente me arriesgo diciendo que voy a buscar hierba para la oveja enferma. Hago la señal y corro al lugar de la cita, temblando. Mi padre no ha dicho nada, yo no he oído nada. Tengo tanto miedo que me quedo sin aliento. Llega más de media hora después que yo. Por prudencia, le ataco:

—¿Por qué no has venido a hablar con mi padre?

—No me atrevo a mirarlo a la cara. Tengo miedo.

—Pero tienes que darte prisa, ya hace casi dos meses. Luego mi vientre empezará a crecer, y ¿qué voy a hacer?

Y me echo a llorar. Entonces me dice:

—Cálmate, no vuelvas llorando a tu casa. Mañana iré a ver a tu padre.

Le creí, de tanto que quería creerle. Porque le amaba, y también tenía buenas razones para conservar la esperanza porque ya le había pedido una vez mi mano a mi padre. Comprendía que tuviera miedo de mirarlo a los ojos. No resultaba fácil explicar por qué quería celebrar la boda tan rápido. ¿Qué razón podía encontrar ante la desconfianza y la maldad de mi padre, sin revelar el secreto y robarme la felicidad, igual que la suya y la de su familia?

Aquella noche hice mis plegarias a Dios, como de costumbre. Mis padres eran muy religiosos, mi madre iba bastante a menudo a la mezquita. Las muchachas debían hacer sus plegarias dos veces al día dentro de la casa. Al día siguiente le di las gracias a Dios por seguir viva al despertarme.

El coche ya se había ido cuando subí al terrado. Entonces trabajé como de costumbre, cuidé a la oveja, limpié el establo, saqué el rebaño, recogí los tomates.

Esperé al anochecer. Tenía tanto miedo que cogí una piedra grande y empecé a golpearme le vientre, con la esperanza de que la sangre volviera a poner las cosas en orden.

Última cita

El anochecer ha llegado. Espero desesperadamente la llegada de Faiez, solo o con sus padres, pero sé perfectamente que no vendrá. Para hoy es demasiado tarde. Y el coche no está aparcado frente a su casa; las persianas se han quedado cerradas.

Para mí es una catástrofe. Me paso la noche sin dormir, intentando imaginar que se ha ido a ver a su familia fuera, que si las persianas están cerradas es por culpa del calor.

Es extraordinario cómo mi memoria ha conservado impresas esas pocas semanas de mi vida. Yo que tengo tantos problemas para reconstruir mi niñez con imágenes que no sean crueldades, sin el más mínimo momento de paz o de felicidad, no he podido olvidar jamás esos instantes de libertad robada, de miedo y de esperanza. Esa noche me vuelvo a ver perfectamente bajo mi colcha de oveja, con las rodillas bajo el mentón, aguantándome el vientre con las dos manos, atenta al más mínimo ruido en la oscuridad. Mañana va a venir, mañana no va a venir... Me va a salvar, me va a abandonar... Era como una canción que no se acababa nunca en mi cabeza.

A la mañana siguiente veo el coche aparcado frente a su casa. Entonces me digo: «¡Está vivo!». Hay una esperanza. No he podido ir a espiar su partida, pero por la noche, a su regreso, estoy en el terrado. Le hago la señal convenida para citarnos al día siguiente, antes del anochecer.

Y, al final de la tarde, justo antes de que se ponga el sol, voy a buscar heno para las ovejas. Espero diez minutos, un cuarto de hora, pensando que él quizá esté escondido un poco más lejos. La cosecha ya está hecha, pero en ciertas partes del campo puedo recoger buenas gavillas, que luego ato con paja. Las alineo cerca del camino y las ato de antemano. Trabajo deprisa, pero tengo la precaución de dejar tres gavillas sin atar, para darme una excusa si pasa alguien por ahí, puesto que en este lugar quedo muy a la vista. Tan sólo tendría que inclinarme sobre mis gavillas y fingir estar muy ajetreada con mi trabajo, ya terminado. Eso me da un cuarto de hora de margen antes de regresar a casa. Le he dicho a mi madre que volvería con el heno al cabo de media hora. A esa hora las ovejas ya están en el establo, y las vacas y las cabras también, y todavía tengo que ordeñarlas y preparar los quesos para el día siguiente. He utilizado todo tipo de excusas para acudir a estas citas: he ido al pozo a buscar agua para el ganado, lo que supone hacer varios viajes con un gran cubo en equilibrio sobre la cabeza. Los conejos han necesitado hierba fresca, las gallinas más grano que yo iba a desgranar... o quería comprobar si los higos empezaban a madurar, necesitaba limones para la cocina, o avivar las brasas del horno del pan.

Hay que desconfiar siempre de los padres que desconfían de su hija. Una hija puede hacer muchas cosas... ¿Sale al patio? ¿Qué va a hacer en el patio? ¿No se habrá citado con alguien detrás del horno? ¿Se va al pozo? ¿Se ha llevado el cubo? ¿No han bebido ya, los animales? ¿Se va a buscar heno? ¿Cuántas gavillas va a traer?

Ese anochecer faeno con mi saco, de gavilla en gavilla. Lo relleno deprisa y espero... y espero. Sé que mi padre permanece sentado como de costumbre bajo la farola delante de casa y que espera con su cinturón, esperando y fumando la pipa como un pachá que la hija vuelva casa a la hora que ha de volver. Cuenta los minutos. Él tiene un reloj, y si he dicho media hora, es media hora menos un minuto o recibiré un latigazo de su cinturón.

Ya no me quedan más que tres gavillas para atar. El cielo adquiere una tonalidad gris, el amarillo del sol palidece. No llevo reloj, pero ya sólo me quedan unos pocos minutos antes de que caiga la noche, que siempre llega tan rápido en mi país. Se diría que el sol está tan cansado de iluminarnos que cae como una piedra, dejándonos brutalmente a oscuras.

He perdido la esperanza. Se ha acabado. Me ha dejado. Llego a casa, su coche no está. Me levanto a la mañana siguiente, su coche sigue sin estar.

Es realmente el fin. Ya no me quedan esperanzas de vivir, y lo he entendido. Se ha aprovechado de mí, para él fue una buena ocasión. Pero para mí no.

Me muerdo los dedos, pero es demasiado tarde. No lo volveré a ver nunca más. Al cabo de una semana ya ni siquiera intento espiarlo desde el terrado. Los postigos de la casa rosa están cerrados, ha huido en su coche como un cobarde. No puedo pedirle ayuda a nadie.

A los tres o cuatro meses, mi vientre empieza a crecer. Todavía puedo disimularlo bien bajo el vestido, pero cuando llevo un cesto u otra carga cualquiera en la cabeza, con el cuerpo tieso y los brazos levantados, tengo que hacer un esfuerzo considerable para que no se me vea. Esa mancha en la nariz, intento frotármela para borrarla pero no desaparece. No puedo volver a recurrir a la historia de la *henna,* mi madre ya no me creería.

De noche es cuando la angustia es más fuerte. A menudo me marcho a dormir con las ovejas. La excusa es muy adecuada: cuando una oveja está a punto de parir, grita como si fuera un ser humano y, si no la oyes, a veces ocurre que la cría se asfixia en el vientre de su madre.

Me acuerdo a menudo de ese animal, cuyo bebé salía mal. Tuve que meter el brazo hasta el fondo de su vientre, con mucha suavidad, para girar la cabeza de la ovejita hasta la buena posición y tirar hacia mí. Tenía mucho miedo de hacerle daño y luché mucho rato para recuperar viva a la pequeña oveja. La madre no lograba empujar, la pobre, y tuve que ayudarla mucho. Y al cabo de una hora, más o menos, se murió.

La oveja era una pequeña hembra. Me seguía como un niño. En cuanto veía que me marchaba, me llamaba. Primero ordeñaba a las otras ovejas y le daba el biberón. Entonces yo debía de tener unos quince años. Ayudé a nacer a muchas ovejas, pero éste es el único recuerdo que conservo. La pequeña me seguía por el huerto, subía las escaleras de casa... Allá donde yo iba, ella me seguía. La madre estaba muerta y la cría viva...

Resulta extraño pensar que nos esforzáramos tanto por ayudar a nacer a las cabras, mientras que mi madre asfixiaba a sus bebés. En aquel momento yo no lo pensaba en absoluto. Era una costumbre que había que aceptar. Cuando hago desfilar estas imágenes por mi memoria, actualmente, se me remueven las tripas. Si hubiera sido consciente entonces como soy ahora, más bien habría estrangulado a mi madre para salvar aunque fuera a una sola de aquellas pequeñas.

Para una mujer sumisa hasta ese punto, matar a las niñas es algo normal. Para un padre como el mío, rasurarle el pelo a sus hijas con las tijeras de cortar la lana a los corderos es algo normal. Pegarles con el cinturón o con el bastón es normal, atarlas en el establo toda la noche en medio de las vacas es normal. ¿Qué podía hacerme mi padre cuando se enterara de que estaba embarazada? Mi hermana Kainat y yo pensábamos que el que nos ataran en el establo era lo peor que podía ocurrirnos. Con las manos desnudas y atadas tras la espalda, el pañuelo en la boca para que no gritemos y los pies atados con la misma cuerda que ha servido para golpearnos. Mudas, despiertas toda la noche, nos limitábamos a mirarnos, pensando las dos lo mismo: «Mientras estamos atadas, estamos vivas».

Precisamente es mi padre el que ahora viene hacia mí, un día de colada. Lo oigo cojear a mis espaldas, y los golpes de su bastón en el suelo. Se detiene detrás de mí, yo no oso levantarme:

—Estoy seguro de que estás embarazada.

Dejo la ropa en el barreño, no tengo fuerzas para levantar la mirada hacia él. No sería capaz de lograr la expresión asombrada o humillada, no conseguiría mentir si le mirara.

—No es cierto, papá.

—¡Sí lo es! ¡Mírate! ¡Has engordado! Y esa mancha de aquí, dijiste que era del sol y luego dices que te la has hecho con *henna*. Tu madre tiene que ver tus pechos.

Así que es mi madre la que lo ha sospechado. Y es él quien va a dar la orden.

—Deberás enseñarlos.

Y mi padre se va con su bastón, sin añadir ni una palabra más.

No me ha golpeado. Yo no he protestado, mi boca se ha paralizado. Pienso que esta vez ya está, soy mujer muerta. Llega el turno de mi madre. Da una vuelta a mi barreño, con los brazos en jarras. Está tranquila pero se muestra dura:

—¡Ahora, deja de hacer la colada! ¡Muéstrame los pechos!

—No, te lo ruego, mamá, me da vergüenza.

—¿Me los enseñas o voy a tener que desgarrarte el vestido?

Entonces me desabrocho los botones del cuello hasta la altura del pecho y separo la ropa.

—¿Estás embarazada?

—¡No!

—¿Has tenido la regla?

—¡Sí!

—La próxima vez que tengas la regla me lo enseñas.

Le he dicho sí para estar tranquila, para calmarla y por mi seguridad. Sé que deberé cortarme, manchar de sangre un papel y enseñárselo durante la próxima luna.

Dejo la colada, salgo de casa cruzando el huerto sin permiso y voy a esconderme en las ramas de un viejo limonero. Es una tontería que me proteja de esta manera, no es el limonero el que va a salvarme, pero tengo tanto miedo que ya no sé lo que hago. Mi padre se ha puesto a buscarme rápidamente y me encuentra allá, encaramada como una cabra en medio de las hojas. Tan sólo tiene que tirarme de las piernas para hacerme caer.

Me sangra una de las rodillas y me lleva a casa. Coge unas hojas de sauce para masticarlas y aplica esta pasta sobre la herida para detener la hemorragia. Es extraño. No comprendo por qué, después de haberme hecho caer tan brutalmente, se toma la molestia de curarme, lo que no había hecho nunca antes. En ese momento me digo que, al fin y al cabo, no es tan malo. Que se ha creído lo que le he respondido. Con la distancia del tiempo, me pregunto si no lo hizo simplemente para evitar que aquella sangre me sirviera para hacer creer que me había venido la regla...

Al caer me dolió el vientre, y espero que la caída hará que me venga.

Un poco más tarde se celebra un consejo familiar al cual no tengo permiso para asistir. Mis padres han hecho venir a Noura y a Husain. Escucho desde el otro lado de la pared. Hablan todos a la vez, y oigo a mi padre decir: «Estoy seguro de que está embarazada, no quiere decírnoslo, esperamos a que nos enseñe la regla...».

Cuando acaban de hablar, me voy al piso de arriba para fingir que duermo.

Al día siguiente mis padres se marchan a la ciudad. Tengo prohibido salir. La puerta del patio está cerrada, pero cruzo el huerto y me voy hacia el campo. Con una piedra grande me empiezo a golpear rítmicamente el vientre, a través de la ropa, para que me baje la sangre. Nadie me ha explicado nunca cómo crecen los bebés en los vientres de sus madres. Sé que llega un momento en el que el bebé se mueve. He visto a mi madre embarazada, sé cuánto tiempo hace falta para que el bebé nazca, pero ignoro todo lo demás. ¿A partir de cuándo está vivo un niño? Para mí es cuando nacen, puesto que es en ese momento cuando he visto a mi madre elegir si los dejaba o no vivir. Lo que espero ardientemente, cuando estoy embarazada de tres y medio o cuatro meses, es que la sangre vuelva. No pienso en nada más. Ni siquiera me imagino que ese crío que está en mi vientre es ya un ser humano.

Y lloro de rabia, de miedo, porque la sangre no llega. Porque mis padres van a volver y yo tengo que estar en casa antes que ellos.

Ese recuerdo me resulta hoy tan doloroso... me siento tan culpable. Por mucho que me diga que era una ignorante, que estaba aterrorizada por lo que me esperaba, es una pesadilla pensar que me golpeé de esa manera el vientre para que ese niño no existiera.

Y al día siguiente, lo mismo, me golpeo el vientre con todo lo que puedo, y siempre que puedo. Mi madre espera. Me había dado un mes a partir del día en el que me obligó a enseñarle los pechos. Sé que va contando mentalmente, y mientras tanto no estoy autorizada a salir. Tengo que permanecer confinada en casa y contentarme con las labores domésticas. Mi madre me dijo: «¡No cruzarás más esta puerta! No volverás a acompañar a las ovejas, no irás más a buscar heno».

Puedo escapar a través de los patios y los huertos, pero ¿para ir adónde? Nunca he cogido sola un autobús, no tengo dinero, y de todos modos el conductor no me dejaría subir.

Debo de estar por el quinto mes. He sentido el movimiento en mi vientre y, de pie, me tiro contra el ángulo de la pared, como una loca. Ya no puedo mentir ni esconderme el vientre o los pechos, ya no tengo salida.

La única idea que se me ocurre, la única posible, es escaparme de casa para ir a refugiarme en casa de la hermana de mi madre. Vive en el pueblo. Conozco su casa. Entonces, una mañana, cuando mis padres se han ido al mercado, cruzo el huerto, paso por delante del pozo, salto por encima del cercado y me dirijo a su casa. No tengo demasiadas esperanzas, puesto que es una mujer mala, que está celosa de mi madre por razones que desconozco. Pero, precisamente, quizá ella me albergará en su casa y encontrará una solución. Al verme llegar sola, primero se preocupa por mis padres. ¿Por qué no vienen conmigo?

—Tienes que ayudarme, tía.

Y se lo cuento todo, la boda prevista y retrasada, el campo de trigo...

—¿De quién se trata?

—Se llama Faiez, pero ya no está en el pueblo. Me había prometido...

—De acuerdo, voy a ayudarte.

Se viste, se pone el pañuelo en la cabeza y me toma de la mano.

—Ven, vamos a dar una vuelta juntas.

—¿Dónde? ¿Qué vas a hacer?

—Ven, dame la mano, no han de verte andando sola por la calle.

Pienso que va a llevarme a casa de otra mujer, una mujer que tiene secretos para ayudar a que te vuelva la sangre de la regla, o para impedir que el niño que tengo en el vientre siga creciendo. O que me va a esconder en algún sitio, hasta que esté liberada. Pero me vuelve a llevar a mi casa. Tira de mí como si fuera un asno que no quiere avanzar.

—¿Por qué me vuelves a llevar a mi casa? ¡Ayúdame, te lo suplico!

—Porque éste es tu sitio. Son ellos los que van a encargarse de ti, no yo.

—¡Te lo suplico, quédate conmigo! ¡Ya sabes lo que va a ocurrirme!

—¡Es éste tu sitio! ¿Me has entendido? ¡Y no vuelvas a salir nunca más de tu casa!

Y me obliga a cruzar el umbral, llama a mis padres, da media vuelta y se va sin mirar atrás. Vi la maldad, el desprecio reflejado en su rostro. Debía de pensar: «Mi hermana tiene una serpiente en casa, esta chica ha deshonrado a la familia».

Mi padre vuelve a cerrar la puerta y mi madre me lanza una mirada maliciosa, con un gesto del mentón y un movimiento de la mano que significan: «*Charmuta*... cerda... ¡Has osado irte a casa de mi hermana!». Se odian entre ellas. Si a una le ocurre una desgracia, la otra se alegra.

—Sí, estuve en su casa, pensaba que podía ayudarme, esconderme...

—¡Entra! ¡Sube a tu habitación!

Me tiembla todo el cuerpo, las piernas ya no me sujetan. No sé lo que me espera una vez encerrada en mi habitación. No consigo dar un paso.

—¡Souad! ¡Entra!

Mi hermana ya no me dirige la palabra. Tiene tanta vergüenza como yo y ella tampoco sale de casa. Mi madre trabaja como siempre, mis otras hermanas se encargan del ganado y a mí me mantienen encerrada, como si fuera una apestada. A ratos los oigo hablar entre ellos. Temen que alguien del pueblo me haya visto, que la gente comente. Al intentar salvar la piel y buscar refugio en casa de mi tía, he provocado todavía más vergüenza en especial a mi madre. Los vecinos se van a enterar, las bocas van a hablar, las orejas van a escuchar.

Desde ese día ya no vuelvo a salir de casa. Encima de la puerta de mi habitación, mi padre ha hecho instalar un nuevo cerrojo que cruje como un disparo cada noche. La puerta del huerto hace el mismo ruido.

A veces, mientras lavo el patio, miro hacia esta puerta con la sensación de asfixia en el pecho. Nunca voy a poder salir de allí. Ni siquiera me doy cuenta de que esa puerta es inútil, puesto que el huerto y el cercado de piedras que lo protege no son obstáculos infranqueables. Los he sorteado más de una vez. Pero la prisión es segura para cualquier muchacha en mi situación: fuera sería peor. Fuera están la vergüenza, el desprecio, el lanzamiento de piedras, las vecinas que me escupirían a la cara, o me tirarían de los pelos para volverme a llevar a casa. No sueño con el exterior. Y las semanas pasan. Nadie me pregunta, nadie quiere saber quién me ha hecho esto, ni cómo, ni por qué. Incluso si acuso a Faiez, mi padre no irá a buscarlo para que se case conmigo. Es mi culpa, no la suya. Un hombre que se ha llevado la virginidad de una mujer no es culpable, es ella la que ha querido. ¡Peor, la que lo ha pedido! Ella es quien ha provocado al hombre porque es una puta sin honor. No tengo ningún argumento para defenderme. Mi ingenuidad, mi amor por él, su promesa de matrimonio, ni siquiera su primera petición a mi padre, nada de esto cuenta. En mi cultura, un hombre que se respeta no se casa con la mujer a la que él mismo ha desflorado antes de la boda.

¿Me amaba él? No. Y si cometí una falta fue la de creer que lo retendría haciendo todo lo que él me pedía. ¿Estaba yo enamorada? ¿Tuve miedo de que encontrara a otra mujer? Es una defensa que no cuenta para nada... ni siquiera para mí tiene ya sentido.

Un anochecer se celebra una nueva reunión de familia: mis padres, mi hermana mayor y su marido Husain. Mi hermano no está en casa porque su esposa está a punto de dar a luz y se ha marchado para estar con ella y su familia.

Escucho detrás de la pared, aterrorizada. Mi madre se dirige a Husain:

—No se lo podemos pedir a nuestro hijo, no sería capaz de hacerlo, es demasiado joven.

—Yo puedo encargarme de ella.

Mi padre toma la palabra:

—Si vas a hacerlo, hay que hacerlo bien. ¿En qué estás pensando?

—No te preocupes, encontraré la manera.

Mi madre de nuevo:

—Tienes que encargarte de ella, pero tienes que sacártela de encima de una sola vez.

Oigo a mi hermana llorar, diciendo que no quiere oír esas cosas y que quiere irse a su casa. Husain le dice que espere y añade, hablando a mis padres:

—Vosotros saldréis. Marchaos de casa, no es conveniente que estéis aquí. Cuando volváis ya estará hecho.

Escuché mi condena a muerte con mis propios oídos, y me escabullí por la escalera porque mi hermana estaba a punto de salir. Un poco más tarde, mi padre dio una vuelta por la casa y la puerta de la habitación de las niñas se cerró de golpe.

No conseguí dormir. No lograba hacerme a la idea de lo que había escuchado. Me preguntaba: ¿lo he soñado? ¿Ha sido una pesadilla? ¿Van realmente a hacerlo? ¿Ha sido sólo para asustarme? Y si lo hacen, ¿cuándo será? ¿Cómo? ¿Cortándome la cabeza?

¿Quizá van a dejarme tener al niño y luego me matarán? ¿Se lo van a quedar, si es un niño? ¿La asfixiará mi madre si es una niña?

¿Me matarán antes?

Al día siguiente hice como si no hubiera oído nada. Tomaba mis precauciones, pero no me lo creía realmente. Y luego me ponía a temblar otra vez y me lo creía. Las únicas incógnitas eran cuándo y dónde. No podía ocurrir de inmediato... por un lado, Husain se había marchado. Y además, ¡no podía imaginarme a Husain queriendo matarme!

Mi madre me dijo, aquel día, con el mismo tono de siempre:

—Es la hora de hacer la colada, tu padre y yo nos vamos a la ciudad.

Supe lo que iba a ocurrir. Se marchaban de casa como les había indicado Husain.

Cuando recordé, hace poco, la desaparición de mi hermana Hanan, me di cuenta de que sucedió de la misma manera. Los padres habían salido, las niñas estaban solas en casa con su hermano. La única diferencia, en lo que a mí se refería, era que Husain todavía no había llegado. Eché una ojeada al patio, era grande, parcialmente embaldosado, el resto cubierto de arena. A su alrededor había un muro con una verja encima, demasiado alta, acabada en puntas. Y en un rincón, la puerta gris, metálica, lisa por el lado del patio, sin cerrojo ni llave, con un solo pomo por el exterior.

Mi hermana Kainat no hace nunca la colada conmigo, no es necesario que seamos dos.

No sé qué trabajo le han asignado, ni dónde está con las pequeñas. Ya no me habla. Duerme a mi lado, dándome la espalda desde que intenté escapar a casa de mi tía.

Mi madre espera a que reúna toda la ropa para lavar. Hay mucha, puesto que sólo hacemos la colada una vez por semana, en general. Si empiezo hacia las dos o las tres de la tarde no habré acabado hasta las seis.

Primero voy a buscar agua al pozo, al fondo de todo del jardín. Preparo los leños para encender el fuego, pongo el gran barreño encima y lo lleno de agua hasta la mitad. Entonces me siento sobre una piedra, a esperar que se caliente.

Mis padres salen por la puerta de casa, que siempre cierran con llave al salir.

Yo me quedo al otro lado, en ese patio. Avivo las brasas constantemente; el fuego no debe debilitarse, el agua ha de estar muy caliente para dejar la ropa en remojo. Luego frotaré las manchas con jabón al aceite de oliva y volveré a ir al pozo a buscar el agua del aclarado.

Es un trabajo largo y cansado que hago desde hace años, pero en estos momentos me resulta especialmente duro.

Ahí estoy, descalza, sentada sobre mi piedra, con mi

vestido de tela gris, cansada de tener miedo. Ni siquiera sé ya desde cuándo estoy embarazada, con ese miedo metido en el vientre. En cualquier caso, hace más de seis meses. Miro hacia la puerta de vez en cuando, allí, al fondo del patio inmenso. Me fascina.

Si viene, sólo puede entrar por ahí.

El fuego

De pronto, oigo un portazo. Está aquí, avanza hacia mí.

Vuelvo a ver estas imágenes veinticinco años más tarde como si el tiempo se hubiera detenido. Son las últimas imágenes de mi existencia allí, en mi aldea de Cisjordania. Desfilan al ralentí como en las películas de televisión. Reaparecen sin cesar ante mis ojos. Quisiera borrarlas cuando surge la primera pero ya no puedo parar la película. Cuando se oye el portazo, ya es demasiado tarde para pararla, necesito volver a ver las imágenes, porque intento siempre comprender lo que no comprendí: ¿cómo lo hizo? ¿Podría haber escapado si lo hubiera comprendido?

Avanza hacia mí. Es mi cuñado Husain con su traje de trabajo, un pantalón viejo y una camiseta. Llega delante de mí y me dice: «Hola, ¿qué tal?» con una sonrisa. En la boca lleva una hierba que mastica, y no deja de sonreír: «Voy a encargarme de ti».

Esa sonrisa... Me dice que va a encargarse de mí, no me lo esperaba. Yo sonrío un poco, también, para darle las gracias, sin atreverme a articular palabra.

—¿Tienes la barriga gorda, eh?

Bajo el rostro, me da vergüenza mirarle. Bajo todavía más la cabeza, la frente me toca las rodillas.

—Tienes una mancha, aquí. ¿Te has puesto la *henna* aposta?

—No, me he puesto *henna* en el pelo. No lo he hecho aposta.

—Lo has hecho aposta, para ocultarlo.

Miro la ropa que estaba aclarando entre las manos, que tiemblan.

Es la última imagen fija y lúcida. La ropa y mis manos que tiemblan. Las últimas palabras que escuché de él fueron: «Lo has hecho aposta, para ocultarlo».

Ya no dijo nada más, yo mantenía la cabeza gacha de vergüenza, un poco aliviada porque ya no me hacía preguntas.

De pronto sentí algo frío que me resbalaba por la cabeza. Y con la misma rapidez el fuego estaba encima de mí. Comprendí el fuego, y la película se acelera, todo va muy de prisa en las imágenes. Empiezo a correr descalza por el huerto, me sacudo el pelo con las manos, grito y noto el vestido que flota detrás de mí. ¿Estaba el vestido también en llamas?

Siento ese olor a petróleo y corro; el bajo de mi vestido me impide dar grandes zancadas. El terror me guía, instintivamente, lejos del patio. Corro hacia el huerto porque no hay otra salida. Pero ya no me acuerdo de casi nada después de eso. Sé que sigo corriendo envuelta en llamas y que grito. ¿Cómo lo hice para escaparme? ¿Corrió él detrás de mí? ¿Esperaba que cayera para mirarme arder?

Lo que es seguro es que me encaramé al murete del jardín, para caer, acto seguido, bien en el jardín de los vecinos, o bien en la calle. Había mujeres, creo que dos, de modo que debía de ser la calle, y me atizaron con algo. Con sus pañuelos, supongo.

Me arrastraron hasta la fuente del pueblo y el agua me cayó encima de golpe, mientras yo gritaba de miedo. Las oigo gritar, a esas mujeres, pero ya no veo nada más. Tengo la cabeza agachada contra el pecho, siento caer el agua fría y grito de dolor porque esa agua fría me quema. Estoy acurrucada, siento el olor de la carne quemada, del humo. Debí de desmayarme. Ya no veo gran cosa. Hay todavía algunas imágenes vagas, algunos ruidos, como si estuviera en el furgón de mi padre. Pero no es mi padre. Oigo voces de mujeres que lloran por mí. «Pobrecita», «pobrecita»... Me consuelan. Estoy tumbada en un vehículo. Siento los traqueteos del camino; me oigo gemir.

Y luego nada más, y luego otra vez ese ruido del coche, y la voz de las mujeres. Ardo todavía como si las llamas siguieran envolviéndome. No puedo levantar la cabeza, ya no puedo mover el cuerpo, ni los brazos, estoy ardiendo, sigo ardiendo... apesto a gasolina, no entiendo nada de ese ruido de motor, de los lamentos de esas mujeres, no sé adónde me llevan. Si entreabro los ojos, no veo más que una parte pequeña de mi vestido o de mi piel. Es negra, apesta. Sigo ardiendo y sin embargo ya no hay fuego. Pero ardo igualmente. En mi cabeza, sigo corriendo con el fuego encima de mí.

Voy a morir. Está bien. Quizá ya esté muerta. Al fin, todo ha terminado.

MORIR

Estoy en una cama de hospital, acurrucada bajo una sábana. Vino una enfermera a arrancarme el vestido. Tiró de la ropa sin ningún miramiento; el dolor me paralizó. Casi no veo nada, tengo el mentón pegado al pecho, no puedo levantarlo. Tampoco puedo mover los brazos. Siento dolor en la cabeza, en los hombros, en la espalda, en el pecho. Huelo mal. Esa enfermera es tan mala que tengo miedo cada vez que la veo entrar. No me habla. Viene a arrancarme trozos, me pone una compresa y se va. Si pudiera hacerme morir, lo haría, estoy segura. Soy una chica sucia; si me han quemado es porque me lo merecía porque no estoy casada y estaba embarazada. Sé muy bien lo que piensa.

Oscuridad. Coma. ¿Cuánto tiempo, días o noches...?

Nadie quiere tocarme, no se ocupan de mí, no me dan nada de comer ni de beber, esperan a que muera.

Y yo quisiera morir, tanta es la vergüenza que siento de seguir todavía viva. Tanto es mi sufrimiento. No soy yo quien se mueve, es esa mujer mala que me da la vuelta para arrancarme trozos. Nada más. Quisiera que me pusieran un poco de aceite en la piel para calmar la quemadura, quisiera que me quitaran esa sábana para que el aire me refrescara un poco. Ha venido un médico. He visto unas piernas en un pantalón y una bata blanca. Sigue ahí la mujer mala, que viene y va. Puedo mover las piernas; las utilizo de vez en cuando para levantar la sábana. La espalda me duele, el costado me duele. Duermo, con la cabeza siempre pegada al pecho. La cabeza agachada como cuando el fuego me envolvía.

Mis brazos están raros, un poco separados y paralizados los dos. Mis manos siguen ahí, pero no me sirven de nada. Me gustaría tanto rascarme, arrancarme la piel para dejar de sufrir.

Me obligan a levantarme. Camino con esa enfermera. Me duelen los ojos. Me veo las piernas, las manos que cuelgan a cada lado de mi cuerpo, las baldosas del suelo. Odio a esa mujer. Me lleva a una sala y coge una manguera para lavarme. Dice que huelo tan mal que le dan ganas de vomitar. Apesto, lloro, estoy ahí como un desecho inmundo, como una podredumbre a la que echan un cubo de agua por encima. Como la caca del váter, se tira de la cadena y ya está, se va. Muere. El agua me arranca la piel, grito, lloro, suplico, me sale sangre hasta de las puntas de los dedos. Ella me obliga a quedarme de pie. Bajo el chorro de agua fría, me arranca trozos de carne negra, trozos del vestido quemado, basuras pestilentes que se van amontonando en el fondo de la ducha. Apesto tanto a podrido, a carne quemada y a humo que se ha puesto una máscara y de vez en cuando sale de las duchas tosiendo y maldiciéndome.

Me da asco, debería morir como un perro, pero lejos de ella. ¿Por qué no acaba ya conmigo? Vuelvo a mi cama, ardiendo y helada a la vez, y ella me tapa con la sábana para no verme más. Muérete, me dice su mirada. Muérete y que te lleven lejos de aquí.

Mi padre está aquí con su bastón. Está furioso, golpea

el suelo, quiere saber quién me ha dejado embarazada, quién me ha llevado hasta aquí, qué ha ocurrido. Tiene los ojos enrojecidos. Llora, el viejo, pero me sigue dando miedo, con su bastón, y no consigo siquiera responderle. Voy a dormirme, o a morir, o a despertar, mi padre estaba ahí, ahora ya no está.

Pero no fue un sueño, su voz resuena todavía en mi cabeza: «¡Habla!».

Conseguí sentarme un poco, para dejar de sentir los brazos pegados a la sábana, la cabeza apoyada en una almohada. No hay nada que me alivie, pero puedo ver quién pasa por el pasillo; la puerta está entreabierta. Oigo a alguien, percibo unos pies descalzos, un vestido largo y negro, una silueta pequeña como la mía, delgada, casi flaca. No es la enfermera. Es mi madre.

Con sus dos trenzas untadas de aceite de oliva, su pañuelo negro, esa frente extraña, abombada entre las cejas y que se une a la nariz, como de ave rapaz. Me da miedo. Se sienta en un taburete con su capazo negro. Y se pone a sollozar, a resoplar, a secarse las lágrimas con un pañuelo, balanceando la cabeza.

Llora la pena de la vergüenza. Llora por ella y por toda la familia. Y veo el odio en sus ojos.

Me interroga agarrada a su bolso. Lo conozco, ese bolso me es muy familiar. Es el que lleva siempre para salir, para ir al mercado, o al campo. En él mete pan, una botella de agua de plástico, a veces un poco de leche. Tengo miedo, pero no tanto como en presencia de mi padre, como de costumbre. Mi padre puede matarme, pero ella no. Gime sus frases, y yo las susurro.

—Mírate, hija mía... Jamás podría llevarte a casa así, ya no puedes vivir en casa, ¿te has visto?

—No consigo verme.

—Estás quemada. La vergüenza ha caído sobre toda

la familia. Ahora ya no puedo llevarte. Dime: cómo es que te quedaste embarazada. ¿Con quién?

—Faiez. No sé el nombre de su padre.

—¿Se trata de Faiez, el vecino?

Se vuelve a echar a llorar y a apretarse los ojos con el pañuelo, haciendo una bola, como si quisiera hundírselo en la cabeza.

—¿Dónde lo hiciste? ¿Dónde?

—En el campo.

Hace una mueca, se muerde los labios y llora todavía más.

—Escúchame, hija mía, escucha. Me gustaría que murieras, es mejor que te mueras. Tu hermano es joven y, si no mueres, va a tener problemas.

Mi hermano va a tener problemas. ¿Qué problemas? No lo entiendo.

—La policía vino a casa a ver a la familia. A toda la familia. Tu padre y tu hermano, y tu madre, y tu cuñado, toda la familia. Si no te mueres, tu propio hermano tendrá problemas con la policía.

Quizá se sacó el vaso del bolso porque no había nada más a mi alrededor. Ninguna mesa junto a la cama, no veo nada. No, no la vi hurgando en el bolso, lo debió de coger del poyo de la ventana, era un vaso del hospital. Pero no vi con qué lo llenaba.

—Si no te bebes esto, tu hermano va a tener problemas, la policía vino a casa.

¿Lo llenó mientras yo lloraba de vergüenza, de sufrimiento, de miedo? Lloraba por muchas cosas, con la cabeza gacha y los ojos cerrados.

—Bébete este vaso... te lo da tu madre.

Jamás olvidaré aquel vaso grande, lleno hasta el borde, con un líquido transparente en su interior, como si fuera agua.

—Te bebes esto y tu hermano no tendrá problemas. Es lo mejor, lo mejor para ti, lo mejor para mí, lo mejor para tu hermano.

Y lloraba. Y yo también lloraba. Recuerdo que las lágrimas me resbalaban por las quemaduras del mentón, por el cuello, y que me devoraban la piel.

No conseguía levantar los brazos. Fue ella quien me puso las manos tras la cabeza, y me la levantó hacia el vaso que sujetaba con la mano. Nadie me había dado de beber hasta entonces. Acercaba el gran vaso a mis labios. Hubiera querido al menos mojarme los labios, de tanta sed que tenía. Intentaba levantar el mentón, pero no podía.

De pronto entró el médico, y mi madre se sobresaltó. Él cogió el vaso con un gesto brusco, lo apartó brutalmente y gritó muy fuerte: «¡No!».

Vi cómo el líquido se derramaba por el poyo de la ventana. Se derramaba por el borde del vaso, transparente, tan claro como si fuera agua.

El médico cogió a mi madre del brazo y la hizo salir de la habitación. Yo seguía mirando el vaso, me lo hubiera bebido hasta del suelo, lo hubiera lamido con la lengua, como un perro. Tenía sed, tenía tanta sed de beber como de morir.

El médico volvió a entrar y me dijo:

—Has tenido suerte de que haya llegado en el momento oportuno. ¡Tu padre, y ahora tu madre! ¡Nadie de tu familia volverá a entrar aquí!

Volvió a coger el vaso y me volvió a decir:

—Has tenido suerte... ¡No quiero volver a ver a nadie de tu familia!

—Mi hermano Asad, me gustaría ver a mi hermano, es buena persona.

Ya no sé lo que me respondió. Me sentía rara, la cabeza me daba vueltas. Mi madre me había hablado de la policía, ¿de los problemas que iba a tener mi hermano? ¿Por qué él, si era Husain el que me había prendido fuego? Ese vaso era para matarme. Había todavía una mancha en el poyo de la ventana. Mi madre deseaba que me muriera, y yo también. Sin embargo había tenido suerte, decía el médico, puesto que estuve a punto de beberme aquel veneno invisible. Me sentía liberada, como si la muerte me hubiera hechizado y el médico la hubiera hecho desaparecer en un segundo. Mi madre era una madre excelente, la mejor de las madres, cumplía con su deber dándome la muerte. Era mejor para mí. No deberían haberme salvado del fuego, no deberían haberme traído aquí para sufrir, para tardar tanto tiempo en morir y así librarme de la vergüenza y de la vergüenza de toda mi familia.

Mi hermano vino a verme al cabo de tres o cuatro días. Nunca olvidaré aquella bolsa de plástico transparente, en el interior de la cual había unas cuantas naranjas y un plátano. No había comido ni bebido nada desde que estaba allí. No podía hacerlo, y de todos modos nadie intentaba ayudarme. Ni siquiera el médico se atrevía a hacerlo. Había comprendido que me estaban dejando morir porque no se podía intervenir en mi historia. A los ojos del mundo era culpable. Corría la suerte de todas las mujeres que ensucian el honor de los hombres. Me habían lavado por el mero hecho de que apestaba, no para curarme. Me mantenían allí porque era un hospital en el que iba a morirme sin crearles más problemas a mis padres y a todo mi pueblo.

Husain había hecho mal su trabajo, me había dejado correr en llamas.

Asad no me preguntó nada. Tenía miedo y prisa por regresar a la aldea.

—Voy a pasar campo a través, para que no me vea nadie. Si nuestros padres saben que he venido a verte voy a tener problemas.

Había querido que viniera y, sin embargo, me inquietaba verlo inclinarse sobre mí. Vi en su mirada que le daba asco con mis quemaduras. Nadie, ni siquiera él, se preocupó por saber hasta qué punto sufría por esa piel que se agrietaba, que se pudría, que supuraba y me devoraba lentamente como el veneno de una serpiente en toda la parte superior de mi cuerpo, en el cráneo calvo, en los hombros, la espalda, los brazos, el pecho.

Lloré mucho. ¿Lloré quizá porque sabía que era la última vez que iba a verlo? ¿Lloré de las ganas que tenía de ver a sus hijos? Estábamos esperando que su mujer pariera. Más tarde supe que había tenido dos niños. Toda la familia debió de admirarlo y felicitarlo.

No pude comerme la fruta. Sola me fue imposible, y la bolsa desapareció.

No volví a ver a mi familia nunca más. Mi última visión de mi madre es esa imagen del vaso de agua envenenada. La de mi padre golpeando el suelo furiosamente con su bastón. Y mi hermano con su bolsa de fruta.

En lo más profundo de mi sufrimiento, intentaba todavía comprender por qué no había visto nada cuando el fuego se prendió en mi cabeza. Había un bidón de gasolina a mi lado, pero estaba cerrado con un tapón. No vi a Husain cogerlo. Yo agachaba la cabeza mientras él me decía que iba a «encargarse de mí» y durante unos segundos me creí salvada por esa sonrisa y esa hierba que él masticaba tranquilamente. En realidad, lo que quería era tranquilizarme para evitar que me escapara. Lo había preparado todo la noche anterior con mis padres. ¿Pero de dónde sacó el fuego? ¿De las brasas? No vi nada. ¿Utilizó un fósforo para actuar tan deprisa? Yo tenía siempre una caja a mi lado, pero tampoco vi nada. Quizá un encendedor que llevaba en su bolsillo... Tan sólo el tiempo de sentir el líquido que me caía por la cabeza y ya estaba en llamas. Me gustaría tanto saber por qué no vi nada.

La noche, acostada sobre esa cama, es una pesadilla sin fin. Estoy totalmente a oscuras, veo cortinas a mi alrededor, la ventana ha desaparecido. Un dolor extraño, como una puñalada en el vientre, me tiemblan las piernas... me estoy muriendo. Intento incorporarme sin conseguirlo. Mis brazos siguen estando rígidos, dos llagas inmundas que se niegan a servirme. No hay nadie, estoy sola, y entonces ¿quién me ha clavado ese puñal en el vientre?

Noto entre los muslos una cosa rara. Doblo una pierna, luego la otra, busco con el pie, intento despegar sola esa cosa que me asusta. No me doy cuenta, al principio, de que estoy pariendo. Con los dos pies toco en la oscuridad. Sin saberlo, aparto el cuerpo del niño, lentamente, bajo la sábana. Luego me quedo inmóvil, agotada por el esfuerzo. Recojo las piernas y siento el bebé contra mi piel, a cada lado. Se mueve un poco. Me quedo sin aliento. ¿Cómo ha salido tan rápido? ¿Un puñetazo en el vientre y ya está ahí? Voy a volver a dormirme, es imposible, este niño no ha salido solo, sin avisar. Estoy teniendo una pesadilla.

Pero no estoy soñando, porque lo noto ahí, entre las rodillas, contra la piel de mis piernas. No se me han quemado, las piernas, y siento las cosas con esa piel y la de mis pies. Ya no me atrevo a moverme, luego vuelvo a levantar un pie como lo haría con la mano, para rozar... una cabeza minúscula, unos brazos que se agitan débilmente.

Debí de gritar. No lo recuerdo. El médico entra en la habitación, retira las cortinas, no me acuerdo de nada más. Debí de desvanecerme. Dormirme durante mucho rato, no sé nada. Al día siguiente y los demás días ya sólo tengo una certeza: el niño ha salido de mi vientre.

No sabía si estaba vivo o muerto, nadie me hablaba de él, y yo no me atrevía a preguntarle a aquella enfermera maliciosa lo que habían hecho con el niño.

Que me perdone, yo era incapaz de darle una realidad. Sabía que había dado a luz, pero no lo había visto, no me lo habían puesto entre los brazos, no sabía si era niño o niña. En aquellos momentos yo no era una madre, sino un desecho humano condenado a muerte. La vergüenza era lo más fuerte.

El médico me contó más tarde que había parido a los siete meses un bebé muy pequeño, pero que estaba vivo y a salvo. Oía vagamente lo que me decía, ¡mis orejas quemadas me dolían tanto! La parte superior de mi cuerpo no era más que dolor, y pasaba del coma a un estado de semiconsciencia, sin ver desfilar los días y las noches. Todo el mundo esperaba verme morir.

Y yo pensaba que Dios no me hacía morir con la suficiente rapidez. Los días y las noches se confundían en una misma pesadilla y, en mis raros momentos de lucidez, no tenía más que una obsesión, arrancarme con las uñas esa piel infecta y pestilente que seguía devorándome. Por desgracia, los brazos ya no me obedecían.

Alguien entró en mi habitación, una vez, en medio de aquella pesadilla. Más que verla, adiviné su presencia. Una mano de mujer pasó como una sombra por encima de mi rostro, sin tocarlo. Una voz de mujer con un extraño acento me dijo, en árabe: «Voy a ayudarte... Ten confianza, voy a ayudarte, ¿me oyes?».

Dije que sí sin creérmelo, de lo mal que me encontraba en aquella cama, abandonada al desprecio de los demás. No entendía cómo me podían ayudar, ni sobre todo quién tendría el poder para hacerlo.

¿Devolverme a mi familia? Ellos ya no me querían. Una mujer quemada por el honor ha de quemarse hasta el final. Ayudarme a no sufrir más, ayudarme a morir, ésa era la única solución.

Pero le digo sí a esa voz de mujer, y no sé ni quién es.

Jacqueline

Me llamo Jacqueline. En esa época estoy en Oriente Medio, donde trabajo en una organización humanitaria, Terre des Hommes («Tierra de los hombres»). Visito hospitales en busca de niños abandonados, disminuidos o en estado de malnutrición. Trabajo en colaboración con el CICR, la Cruz Roja internacional y varias organizaciones que se ocupan de los palestinos y de los israelíes. Actúo, pues, en ambas comunidades y tengo mucho contacto con las dos poblaciones. Vivo con ellas.

Pero no es hasta al cabo de siete años de presencia en Oriente Medio cuando empiezo a oír cosas sobre las muchachas asesinadas. Sus familias les reprochan haberse encontrado con un chico o haber hablado con él. La sospecha cae a veces sobre ellas sin ninguna prueba, por la maledicencia de cualquiera. A veces ocurre que estas muchachas han tenido realmente una aventura, lo cual resulta absolutamente impensable en su comunidad, puesto que son los padres los que deciden los matrimonios. Había oído... me habían dicho... pero, hasta ahora, nunca me había encontrado ante un caso de este tipo.

Para un espíritu occidental, la idea de que unos padres o unos hermanos puedan asesinar a su hija o a su hermana, simplemente porque se ha enamorado, parece increíble, sobre todo en nuestra época. En nuestra cultura, las mujeres se liberan, votan, tienen hijos solas...

Pero llevo diecisiete años aquí y me lo creo de inmediato, aunque no lo haya visto nunca y sea la primera vez que me lo cuentan. Es necesario que se cree un clima de mucha confianza para que se pueda hablar de un tema tan tabú como éste, y que no incumbe en absoluto a los extranjeros. Una mujer es quien se decide a sacarlo delante de mí. Se trata de una amiga cristiana, con quien tengo a menudo contacto porque se encarga de ayudar a los niños. Por eso ve a muchas madres, procedentes de todos los países, de todos los pueblos. Es un poco como el *moukhtar* del sector, es decir, se dedica a invitar a las mujeres a tomar té o café y habla con ellas de lo que ocurre en sus aldeas. Ésa es una forma importante de comunicación aquí. Todos los días se toma té o café mientras se habla, es la costumbre, y por tanto ella aprovecha la ocasión para detectar casos de niños que tienen dificultades graves.

Un día escucha decir a un grupo de mujeres: «En nuestro pueblo, tenemos a una muchacha que se portaba muy mal, entonces sus padres intentaron quemarla. Dicen que está en un hospital, en algún lugar».

Esta amiga goza de cierto carisma, se la respeta, y ha demostrado un enorme coraje que podré presenciar muy pronto. Normalmente se encarga sólo de los niños, ¡pero la madre no está nunca lejos del hijo! Así pues, hacia el 15 de septiembre de ese año, mi amiga me dice:

—Mira, Jacqueline, hay una chica en el hospital que se está muriendo. La asistenta social me ha confirmado que alguien de su familia la quemó. ¿Crees que puedes hacer algo por ella?

—¿Qué más sabes?

—Sólo que era una chica joven que estaba embarazada y de la cual todo el pueblo dice: «Hicieron bien en castigarla, ahora se va a morir en el hospital».

—¡Es monstruoso!

—Lo sé, pero aquí las cosas son así. Está embarazada y, luego, ya está, se va a morir. Eso es todo. Es lo normal. Y dicen: «¡Pobres padres!». La gente se apiada de los padres, no de la hija. Por otro lado, va realmente a morir por lo que he oído. Una historia así es una luz de alarma en mi cabeza. En aquella época trabajaba en el seno de la asociación Terre des Hommes, dirigida por un hombre fantástico, Edmond Kaiser. Mi primera misión son los niños. No había abordado nunca, como causa, este tipo de casos, pero me dije: «¡Jacqueline, vieja amiga, tienes que ir a ver de cerca lo que está ocurriendo!».

Me voy al hospital, que no conocía mucho porque lo había visitado muy poco. No tengo problemas porque conozco el país, las costumbres, me las apaño con el idioma y he pasado bastante tiempo en los hospitales. Pido sencillamente que me dejen ver a una muchacha que ha sido quemada. Me guían hasta ella sin problema, y entro en una gran sala en la que hay dos camas y dos muchachas. Tengo de inmediato la sensación de que se trata de una sala de relegación; es decir, un lugar en el que se dejan los casos que no hay que mostrar.

Es una habitación bastante sombría, con barrotes en las ventanas, dos camas y el resto totalmente vacío. Como hay dos mujeres, le pregunto a la enfermera:

—Busco a la que acaba de tener un bebé.

—¡Ah, sí, es ésa!

Y eso es todo. La enfermera se va. Ni siquiera se detiene en el pasillo, ni me pregunta quién soy, ¡nada! Sólo un gesto vago en dirección a una de las camas: «¡Es ésa!».

Veo a una con el pelo corto, rizado pero casi afeitado,

y otra con media melena y el pelo liso. Pero las dos tienen toda la cara negra, llena de hollín. Tienen el cuerpo tapado con una sábana. Sé que llevan un tiempo ahí. Unos quince días, por lo que me han dicho. Es evidente que no pueden hablar. Son dos moribundas. La del pelo liso está en coma; la otra, la que ha tenido un bebé, levanta apenas los párpados de vez en cuando.

Por esta sala no circula nadie, ni enfermeras ni médicos. No me atrevo a hablar, y menos a tocarlas, y el olor que reina aquí es inmundo. He venido a ver a una y descubro a dos mujeres horriblemente quemadas, sin ninguna duda, y que no reciben ningún cuidado. Vuelvo a salir a buscar a una enfermera fuera de esa sala de relegación. Encuentro a una: «Quisiera ver al jefe de médicos del hospital».

Estoy habituada a este tipo de establecimientos sanitarios, para mí no es ninguna novedad. El jefe de médicos me recibe bien, con cordialidad.

—Mire, tienen aquí a dos muchachas quemadas. Usted sabe que yo trabajo en una organización humanitaria y quizá podríamos ayudarlas.

—Escúcheme... no se lo aconsejo. Una de ellas se cayó al fuego, la otra es un caso de familia. No le aconsejo en absoluto que se mezcle con eso.

—Doctor, mi trabajo es igualmente ayudar, y en especial a la gente que no recibe ayuda de nadie. ¿Puede usted darme más detalles?

—No, no, no. Sea prudente. ¡No se meta usted en este tipo de historias!

Cuando es así, no hay que forzar demasiado a la gente. Por tanto, lo dejo aquí, pero vuelvo a bajar a la sala de relegación y me siento un rato, con la esperanza de que la que abre un poco los ojos pueda comunicarse. El estado de la otra es más preocupante.

Como una enfermera pasa por el pasillo, me aventuro a hacerle una pregunta:

—A esta muchacha, la que tiene pelo y no se mueve, ¿qué le ha pasado?

—Ah, se cayó al fuego, está muy mal, se va a morir. No muestra ninguna piedad en su diagnóstico. Simplemente, una constatación. Pero la fórmula «se cayó al fuego» no me engaña.

La otra se mueve un poco. Me acerco a ella y me quedo allí un buen rato, sin decir nada. Observo, intento comprender, escucho el ruido del pasillo, esperando que venga alguien más con quien yo pueda hablar. Pero las enfermeras pasan muy rápido, no se ocupan en absoluto de las dos muchachas. Está muy claro que no hay ningún cuidado previsto para ellas. De hecho, hay seguramente alguno, pero yo no lo veo. Nadie se acerca a mí, nadie me pregunta nada. Sin embargo, soy una extranjera, vestida a lo occidental pero siempre muy tapada, por respeto a las tradiciones del país en el que trabajo. Es indispensable para que te reciban en todas partes. Podrían, al menos, preguntarme qué hago aquí, pero, en vez de esto, me ignoran.

Al cabo de un rato me inclino sobre ella, que parece poder oírme, pero no sé dónde tocarla. La sábana me impide ver dónde está quemada. Veo que tiene el mentón totalmente pegado al pecho, formando un solo bloque. Veo que tiene las orejas quemadas, y que no le queda demasiada carne. Paso una mano frente a sus ojos, pero no reacciona. No veo ni sus manos ni sus brazos, y no me atrevo a levantar la sábana. En resumen, que no sé cómo abordarla. Sin embargo, debería tocarla en alguna parte, para anunciarle mi presencia. Como si fuera una moribunda, para hacerle comprender que tiene a alguien al lado, que sienta la presencia, el contacto humano.

Tiene las piernas dobladas, las rodillas levantadas bajo la sábana, como se sientan las mujeres a la manera oriental, pero en posición horizontal. Coloco la mano sobre una de sus rodillas y abre los ojos.

—¿Cómo te llamas?

No me responde.

—Escúchame, voy a ayudarte. Voy a volver y te ayudaré.

—*Aiua*.

Sí, en árabe, eso es todo. Vuelve a cerrar los ojos. Ni siquiera sé si me ha visto.

Ése fue mi primer encuentro con Souad.

Me marché conmocionada. Iba a hacer alguna cosa, ¡eso lo tenía muy claro! En todo lo que he hecho hasta ahora, siempre he tenido la sensación de estar respondiendo a una llamada. Me hablan de una miseria y yo acudo sabiendo que voy a hacer algo para responder a esa llamada. No sé qué será, pero encontraré la manera.

Regreso, pues, a ver a esa amiga que me da algunos datos más, por así decirlo, sobre el caso de esta joven.

—Al bebé que tuvo los servicios sociales ya se lo han quitado por orden de la policía. No vas a poder hacer nada. Es joven, nadie te va a ayudar en el hospital. Jacqueline, créeme, no vas a poder hacer nada.

—Bueno, ya lo veremos.

Al día siguiente vuelvo a ir al hospital. Sigue sin estar muy consciente, y su vecina de cama sigue en coma. Y este hedor pestilente es insoportable. Ignoro la extensión de las quemaduras, pero nadie se las ha desinfectado. Al cabo de dos días, una de las camas está vacía. La joven en coma ha muerto durante la noche. Miro esa cama, vacía pero todavía sin limpiar, con una pena inmensa. Siempre provoca un gran dolor no haber podido hacer nada. Y me digo: «Ahora hay que ocuparse de la otra». Pero está medio inconsciente, delira mucho y no entiendo nada de lo que intenta contestarme.

Y de pronto llega lo que yo llamo el milagro. En la persona de un joven médico palestino a quien veo aquí por primera vez. El director del hospital ya me había dicho: «Déjelo correr, se va a morir». Le pido su opinión a ese joven doctor:

—¿Qué opina usted? ¿Por qué no le limpian la cara, para empezar?

—Intentamos lavarla como podemos, pero no es fácil. Este tipo de casos nos resultan muy difíciles, muy complicados, por culpa de las costumbres... compréndalo usted...

—¿Cree usted que podríamos salvarla, hacer algo por ella?

—Si no se ha muerto ya, puede que haya posibilidades. Pero sea prudente con estos casos, muy prudente.

Los días siguientes me encuentro una cara un poco más limpia, y rastros de mercromina aquí y allá. El joven médico ha debido de dar instrucciones a la enfermera, quien hace un esfuerzo aunque sin molestarse demasiado. Souad me contó más tarde que la habían cogido del pelo para lavarla en una bañera y que la manipulaban así porque nadie quería tocarla. Me guardo, pues, mucho de criticar, porque ello no haría más que empeorar mis relaciones con el hospital. Regreso a ver a mi joven médico árabe, el único que parece accesible.

—Trabajo con una organización humanitaria, puedo ayudar en algo, pero me gustaría saber si tiene alguna esperanza de vida.

—A mí me parece que sí. Se podría intentar alguna cosa, pero dudo que podamos hacerlo en nuestro hospital.

—Entonces, ¿quizá podríamos cambiarla de hospital?

—Sí, pero tiene una familia, unos padres, es menor de edad, ¡no podemos hacerlo! No podemos intervenir, los padres saben que está aquí, la madre ya vino a verla, y desde entonces se le han prohibido las visitas... es un caso especial, créame.

—Escúcheme, doctor, yo quisiera hacer algo. No sé cuáles son las prohibiciones, pero si usted me dice que tiene una esperanza de vida, sea cual sea, aunque sea la más mínima, no puedo dejarlo correr.

Entonces el joven médico me mira, un poco asombrado por mi obstinación. Seguramente piensa que no doy la talla... que debo de ser una de esas «humanitarias» que no comprenden nada del país. Creo que tiene unos treinta años, y le encuentro simpático. Es alto, delgado, moreno, y habla bien inglés. No se parece en absoluto a sus colegas, casi siempre más bien cerrados a las peticiones de los occidentales.

—Si puedo, la ayudaré.

Victoria. Los días siguientes me comenta de buena gana el estado de la paciente. Como ha sido formado en Inglaterra y es un hombre bastante culto, las relaciones resultan más fáciles. Voy un poco más lejos en mi investigación sobre Souad, y me entero de que, efectivamente, no se le aplica ninguna cura.

—Es menor de edad. No podemos tocarla en absoluto sin pedirles permiso a los padres. Y para ellos está muerta, o en cualquier caso no esperan más que eso.

—Pero si yo quisiera trasladarla a otro hospital donde recibiría un tratamiento mejor, ¿piensa usted que me lo dejarían hacer?

—No. Tan sólo sus padres pueden dar el permiso, y ellos no lo van a autorizar jamás.

Regreso a ver a mi amiga, la del origen de la aventura, y le comunico mis intenciones:

—Me gustaría trasladarla a otro sitio. ¿Qué crees tú? ¿Sería posible?

—¿Sabes? Si sus padres quieren que muera, no conseguirás nada. Para ellos, en su pueblo, es una cuestión de honor.

En situaciones así me vuelvo muy terca. No me conformo con las negativas, quiero forzarlas hasta encontrar una vía positiva, aunque sea ínfima. En cualquier caso, llegar hasta el límite de una idea.

—¿Crees que podría ir hasta su pueblo?

—Corres muchos riesgos yendo allí. Escúchame bien. Ignoras que se trata de un código de honor inquebrantable. Ellos quieren que su hija muera porque, de lo contrario, su honor no queda lavado y toda la familia es rechazada por el pueblo. Entonces deberían marcharse deshonrados, ¿comprendes? Siempre puedes intentar lanzarte a la boca del lobo, pero en mi opinión te arriesgas muchísimo para, finalmente, no conseguir gran cosa. La muchacha está condenada. Si no ha recibido cuidados durante tanto tiempo, con quemaduras de esa gravedad, no va a sobrevivir, la pobre.

Sin embargo, la pequeña Souad abre los ojos cuando vengo a verla. Y me escucha, y me responde un poco a pesar de su sufrimiento indescriptible.

—Sé que tuviste un nino, ¿dónde está?

—No lo sé, se lo llevaron. No sé...

Con lo que está soportando, y lo que le espera, la muerte anunciada, como dicen, comprendo perfectamente que el niño no es su principal problema.

—Souad, necesito que me respondas, porque quiero hacer algo. Si lo logramos, si te llevo a otra parte, ¿vendrías conmigo?

—Sí, sí, sí. Voy contigo. ¿Adónde vamos?

—A otro país, no sé adónde, pero a algún lugar en el que me quieran oír hablar de todo esto.

—Sí, pero ¿sabes...? Mis padres...

—Ya veremos con tus padres. Ya veremos. ¿De acuerdo? ¿Confías en mí?

—Sí... Gracias.

Así, armada con su confianza, le pido al joven médico si sabe dónde está esa famosa aldea en la que queman como antorchas a las jóvenes culpables de haberse enamorado.

—Viene de una pequeña aldea, a unos cuarenta kilómetros de aquí. Está bastante lejos, no hay ninguna carretera transitable, y es peligroso porque no se sabe muy bien qué ocurre. En esos lugares remotos no hay policía.

—No sé si puedo ir yo sola...

—¡Uf! No se lo aconsejo en absoluto. De entrada, para encontrar la aldea va usted a perderse diez veces seguidas. No hay ningún mapa tan detallado...

Soy ingenua, pero no tanto. Ya sé que es un gran problema pedir indicaciones para llegar a ese tipo de lugares cuando eres extranjero. Y mucho más porque la aldea en cuestión se encuentra en territorio ocupado por los israelíes. Yo, Jacqueline, sea o no de Terre des Hommes, sea o no humanitaria, sea o no cristiana, puedo parecer perfectamente una israelí enviada a espiar a los palestinos. O lo contrario, según el tramo de ruta en el que me encuentre.

—¿Quisiera usted hacerme el favor de acompañarme?

—Es una locura.

—Escúcheme, doctor, podríamos salvar una vida... usted mismo me ha dicho que tiene esperanzas si la trasladamos a otro lugar...

Salvar una vida. El argumento tiene para él todo el sentido. Pero él también es de aquí, como las enfermeras, y para las enfermeras, Souad, u otra muchacha como ella, debe morir...

Una de ellas ya no ha sobrevivido. Ignoro si tenía esperanzas de salir con vida, pero, en cualquier caso, no la curaron. Me gustaría mucho decirle a ese simpático doctor que encuentro insoportable el hecho de «dejar apagarse» a una joven con la excusa de que es la costumbre. Pero no voy a hacerlo, porque sé que él mismo está atrapado en ese sistema, frente a su hospital, a su jefe, a las enfermeras, a la población misma. Ya ha sido muy valiente aceptando hablar conmigo. Los crímenes de honor son tabú.

Y acabo por convencerlo a medias. Se trata realmente de un hombre muy bueno, honesto; me enternece cuando me responde, con expresión dubitativa:

—No sé si tengo el valor...

—Vamos a probarlo. Y si no funciona, volvemos.

—De acuerdo, pero me dejará usted dar media vuelta si surge la más mínima complicación...

Se lo prometo. Este hombre, a quien voy a llamar Hasán, va a hacerme de guía.

Soy una mujer occidental joven que trabaja en Oriente Medio con Terre des Hommes para ayudar a niños con graves carencias, ya sean musulmanes, judíos o cristianos. Se trata de un ejercicio de diplomacia permanente y complicado. Pero el día en que me subo a ese coche con el médico valiente a mi lado no soy totalmente consciente del riesgo. Las carreteras no son seguras, la población es desconfiada, y estoy arrastrando a ese médico árabe, recientemente graduado en una universidad inglesa, a una aventura que sería rocambolesca si el fin que perseguimos no fuera tan grave. Debe de pensar que estoy completamente loca.

La mañana de nuestra marcha Hasán está un poco pálido de miedo. Mentiría si dijera que yo estoy tranquila, pero con la inconsciencia de mi juventud de entonces, y la certeza de mi compromiso en el servicio a los demás, me meto a fondo. Obviamente, ni él ni yo llevamos armas. Para mí es «Dios nos proteja», para él es «Insh'Alá!».

Al salir de la ciudad nos adentramos en un paisaje típico del campo palestino, dividido en parcelas de terreno que pertenecen a los pequeños campesinos. Son parcelas rodeadas por muretes de piedra, con multitud de lagartijas y serpientes que corren entre los trozos de piedra. La tierra es de un tono ocre rojizo, salpicada de higueras chumbas.

La carretera que sale de la ciudad no está asfaltada pero es transitable. Conecta las aldeas y los pueblos vecinos, los mercados. Los carros israelíes lo han alisado aceptablemente, pero quedan los socavones suficientes para hacer chirriar mi pequeño coche. Cuanto más nos alejamos de la ciudad, más nos encontramos con pequeños cultivos. Si la parcela es lo bastante grande, los campesinos cultivan trigo; si es más pequeña, sirve de pasto para el ganado. Algunas cabras, algunas ovejas. Más si el agricultor es rico.

Las muchachas trabajan en el campo. Van muy poco, prácticamente nada, al colegio, y las que tienen la suerte de poder ir vuelven muy pronto a casa para ayudar con los más pequeños. Ya he comprendido que Souad era totalmente analfabeta.

Hasán conoce esta carretera, pero vamos en busca de una aldea de la cual no había oído hablar nunca. Pedimos de vez en cuando indicaciones, pero, como mi coche lleva matrícula israelí, podría meternos más bien en problemas. Estamos en territorio ocupado y las indicaciones que nos dan no tienen por qué ser fiables.

Al cabo de un rato, Hasán me dice:

—Sigue sin parecerme razonable: vamos a estar solos en la aldea. He hecho advertir a la familia a través del teléfono árabe, pero sabe Dios cómo van a recibirnos. ¿El padre solo? ¿Toda la familia? ¿O todo el pueblo? ¡Ellos no pueden comprender su misión!

—¿Les ha dicho usted que la pequeña se va a morir y que venimos para hablar de eso?

—Exactamente es esto lo que no van a entender. Ellos la han quemado, y el que lo ha hecho nos espera probablemente en la esquina. ¡De todos modos, ellos van a decir que se le quemó el vestido y que se cayó al brasero de cabeza! Es complicado, en las familias...

Lo sé. Desde el principio, hace ya unos diez días, me están repitiendo que una mujer quemada es un asunto complicado, y que no debo meterme. Sólo que, mira por dónde, yo he decidido meterme.

—Le aseguro que sería mucho mejor dar media vuelta.

Estimulo el coraje de mi precioso compañero. Sin él, quizá también hubiera venido pero una mujer sola no circula por estos parajes.

Finalmente vislumbramos la aldea en cuestión. El padre nos recibe afuera, a la sombra de un árbol enorme, frente a su casa. Me siento en el suelo con Hasán a mi derecha. El padre está sentado, apoyado sobre el tronco del árbol, en una postura familiar, con una pierna doblada sobre la cual descansa un bastón. Es un hombre bajito, pelirrojo, de tez muy pálida y con pecas rojizas, un poco albino. La madre se queda de pie, muy erguida con su vestido negro, con un pañuelo del mismo color en la cabeza. Lleva la cara descubierta. Es una mujer sin edad, de facciones pronunciadas, de mirada dura. Las campesinas palestinas suelen tener esta mirada. Pero con las cargas que soportan de trabajo, de los hijos y de esclavitud es normal.

La casa es de tamaño más bien mediano, muy típica de la región, pero no vemos casi nada de ella. Desde el exterior tiene un aspecto cerrado. En cualquier caso, no se trata de un hombre pobre.

Hasán me presenta después de intercambiar las fórmulas de cortesía habituales.

—Esta señora trabaja en una organización humanitaria...

Y se entabla la conversación a la manera palestina, primero entre los dos hombres:

—¿Cómo van los rebaños?... ¿Y las cosechas?... ¿Vende usted bien?

—Hace mal tiempo... ahora empieza el invierno, los israelíes nos ponen muchos problemas...

Hablamos del tiempo durante mucho rato, antes de abordar el objetivo de nuestra visita. Es normal. Él no habla de su hija, por tanto, Hasán tampoco lo hace, y yo tampoco. Nos ofrecen té —puesto que soy una extranjera de visita, no puedo rechazar la hospitalidad tradicional— y llega el momento de marcharnos. Nos saludamos.

—Volveremos a visitarles...

No llevamos las cosas más lejos y nos marchamos. Porque hay que empezar así, los dos lo sabemos. Hay que entrar en materia, no presentarse como enemigos, ni como interrogadores, dejar que el tiempo haga su trabajo para poder regresar.

Y ahí estamos, de nuevo sobre la carretera, en dirección a la ciudad, a cuarenta y pico kilómetros de allí. Recuerdo el «uf» que exclamé.

—No ha ido mal del todo, ¿no? Volvemos dentro de unos días.

—¿Quiere usted realmente volver?

—Sí, de momento todavía no hemos hecho nada.

—Pero ¿qué puede usted ofrecerles? Si es dinero, no va a servir de nada... no cuente con ello. El honor es el honor.

—Voy a partir del hecho de que Souad se está muriendo. Es un factor desgraciadamente cierto, usted mismo me lo dijo...

—Sin tratamiento de urgencia, y la urgencia ya ha pasado, no tiene ninguna esperanza, en efecto.

—Por tanto, puesto que puede quedarse así, voy a decirles que me la llevo a morir a otro sitio... Puede convenirles, deshacerse del problema, ¿no cree?

—Es una menor y no tiene papeles, hace falta tener el permiso de los padres. Ellos no van a moverse para hacer papeles, no va usted a conseguirlo...

—De todos modos vamos a volver. ¿Cuándo utiliza usted el teléfono árabe?

—Dentro de unos días, deme un poco de tiempo.

No le queda tiempo a la pequeña Souad. Pero, por mucho que Hasán sea un doctor milagroso para mi misión, tiene un trabajo en el hospital, una familia y el simple hecho de mezclarse en un crimen de honor puede acarrearle problemas graves. Cada vez le entiendo mejor y respeto su prudencia. Involucrarse en un tabú de este tipo, intentar darle la vuelta cueste lo que cueste, es algo nuevo para mí e invierto toda mi energía en ello. Pero él es quien hace los contactos en el pueblo para anunciar nuestras visitas, y me imagino perfectamente la fuerza de persuasión que tiene que emplear para esta sencilla tarea.

Souad se va a morir

—Mi hermano es bueno. Intentó traerme unos plátanos y el médico le dijo que no volviera más.

—¿Quién te hizo esto?

—Mi cuñado, Husain, el marido de mi hermana mayor. Mi madre me trajo veneno en un vaso...

Ahora conozco un poco mejor la historia de Souad. Me habla mejor, pero las condiciones de este hospital son terribles para ella. La bañaron una vez, sujetándola por el poco pelo que le queda. Las quemaduras se infectan, supuran y sangran constantemente. He visto la parte superior de su cuerpo: tiene la cabeza siempre agachada, como si rezara, con el mentón pegado a la parte superior del busto. No puede mover los brazos. Le derramaron la gasolina o el petróleo por encima de la cabeza, y quemó descendiendo por el cuello, las orejas, la espalda, los brazos y la parte de arriba del pecho. Ella se acurrucó así, como una extraña momia, probablemente mientras la trasladaban, y sigue en la misma postura al cabo de más de quince días. Sin contar el parto en un estado casi comatoso y ese bebé que ha desaparecido. La asistenta social debió de llevárselo como un pobre a un orfanato cualquiera, ¿pero dónde? Y conozco demasiado bien el futuro que les espera a esos niños ilegítimos: no tienen ninguna esperanza.

Mi plan es una locura. En primer lugar quiero hacerla trasladar a Belén, ciudad que en aquel momento está bajo control israelí, pero que es accesible tanto para mí como para ella. Llevarla a otro sitio está fuera de cuestión. Soy consciente de que allí no disponen de los medios necesarios para tratar a los quemados graves. No puede ser más que una etapa. Pero, en un segundo estadio, en Belén le podrán dispensar un mínimo de cuidados básicos. Tercera fase del plan: partida hacia Europa, con el acuerdo de la organización Terre des Hommes, que todavía no he solicitado.

Sin contar con el niño, a quien tengo el propósito de intentar encontrar durante este tiempo.

Cuando mi joven doctor vuelve a subirse a mi coche para hacer una segunda visita a los padres, se sigue mostrando igual de inquieto. Nos espera la misma recepción, siempre debajo del árbol, la misma conversación de inicio banal, pero esta vez les hablo de sus hijos, a los que nunca vemos.

—Ustedes tienen muchos hijos, ¿dónde están?

—Están en el campo. Tenemos una hija casada, que tiene dos hijos, y un hijo casado, que también tiene dos hijos.

Nos hablan de los niños. Hay que felicitar al cabeza de familia. Y también compadecerlo.

—Sé que tienen ustedes una hija que les causa muchos problemas.

—*Ya haram!* ¡Es horrible lo que nos ocurre! ¡Qué desgracia!

—Es realmente una lástima.

—Sí, es una desgracia. *Alá Karim!* Pero Dios es grande.

—En el pueblo, es terrible tener problemas tan difíciles...

—Sí, para nosotros es muy duro.

La madre no habla. Permanece siempre de pie, hierática.

—Bueno, de todos modos se va a morir pronto. Está muy mal.

—Sí. *Alá Karim*.

Y mi doctor añade, muy profesional:

—Sí, está realmente muy mal.

Ha comprendido mi interés en ese extraño mercadeo sobre la muerte esperada de una muchacha. Me ayuda, apoyándome con sus muecas muy explícitas sobre la muerte inevitable de Souad, aunque nosotros esperemos lo contrario... Luego toma el relevo. El padre le confía al fin, más claramente, el núcleo de todas sus preocupaciones:

—Espero que podamos permanecer en el pueblo.

—Sí, claro que sí. De todos modos, ella se va a morir.

—Si Dios quiere. Es nuestra fatalidad. No podemos hacer nada.

Pero no nos dice lo que ocurrió, nada de nada. Entonces, en un momento dado, muevo una ficha sobre el tablero:

—Pero, de todos modos, para ustedes es una lástima que muera aquí. ¿Cómo van a enterrarla? ¿Dónde?

—La vamos a enterrar aquí, en el jardín.

—Quizá, si yo me la llevara conmigo, ella podría morir en otro lugar y así ustedes no tendrían este tipo de problemas.

Para los padres no significa manifiestamente nada que me la lleve conmigo para que muera en otro lugar. En su vida han oído hablar de algo así. Hasán se da cuenta, e insiste un poco:

—En el fondo, esto significaría menos problemas para ustedes, y para el pueblo...

—Sí, pero nosotros la enterramos así, y le decimos a todo el mundo que la hemos enterrado y ya está.

—No sé, reflexionen. Quizá me la podría llevar para que muera lejos. Yo lo podría hacer, si a ustedes les conviene...

Es horrible, pero no puedo contar más que con la muerte en este morboso juego. Ayudar a Souad a vivir y hablar de tratamientos, para ambos, sería el horror. Entonces nos piden poder discutirlo entre ellos. Es una manera de hacernos saber que ha llegado el momento de que nos marchemos, cosa que hacemos después de intercambiar los saludos de rigor y prometerles volver. ¿Qué pensar de nuestro intento en ese momento? ¿Estábamos negociando correctamente? Por un lado, Souad desaparece; por el otro, su familia recupera el honor en su aldea...

Dios es grande, como dice el padre. Hay que tener paciencia.

Durante este tiempo acudo al hospital todos los días para intentar que le apliquen unas curas mínimas. Mi presencia los obliga a esforzarse un poco. A desinfectarla un poco más, por ejemplo. Pero sin analgésicos y sin productos específicos, la piel de la pobre Souad sigue siendo una llaga enorme, insoportable para ella y difícil de contemplar para los demás. A menudo anhelo, como en un sueño de cuento de hadas, los hospitales de mi país, de Francia, de Navarra o de cualquier otro lugar, en donde se cura a los quemados graves con tanta precaución y empeño para que el dolor les resulte soportable...

Y volvemos a la negociación, siempre los dos, mi valeroso doctor y yo. Hay que vencer al gigante, proponerles el trato con la misma dosis de audacia que de seguridad:

—Lo que no estaría bien es que ella muriera en el país. Ni siquiera en el hospital, aunque lejos, para ustedes no sería lo más conveniente. Pero nos la podemos llevar a otro país. Y así, se habría acabado; ustedes podrían decirle a todo el pueblo que ha muerto. Habrá muerto en otro país y nunca más oirán hablar de ella.

En estos momentos la conversación es más que tensa. Sin papeles, ningún acuerdo con ellos sirve de nada. Estoy muy cerca. No me pregunto nada más, ni quién lo hizo ni quién es el padre de la criatura. Estos aspectos no cuentan para nada en la negociación, y evocarlos ensuciaría todavía más su honor. Lo que me interesa es convencerlos de que su hija se va a morir, pero lejos de aquí. Y me hago pasar por una loca, por una extranjera excéntrica de quien ellos, al fin y al cabo, tienen interés en aprovecharse. Noto que la idea va haciendo mella. Si acceden, desde el momento en que nos vayamos ya podrán anunciar a todo el pueblo que su hija ha muerto, sin dar más detalles, y sin entierro en el jardín. Podrán contar lo que ellos quieran, incluso que han vengado su honor a su manera. Es una locura si se piensa con una mentalidad occidental... es realmente una locura lograr tus propios fines en condiciones semejantes. Esta negociación no les molesta en absoluto moralmente. Aquí la moral es especial, se ejerce contra las niñas y las mujeres, queriéndoles imponer una ley que solamente interesa a los hombres del clan. Esta misma madre la acepta sin pestañear deseando la muerte y la desaparición de su propia hija. No tiene alternativa y yo llego a apiadarme interiormente de ella. En todos los países en los que ejerzo, ya sea en África, en la India, en Jordania o en Cisjordania, tengo que adaptarme a la cultura y respetar las costumbres ancestrales. La única finalidad es aportar ayuda a aquel o aquella que es víctima. Pero es la primera vez en mi vida que negocio una vida de esta manera. Ellos aceptan.

El padre me hace prometer, y la madre también, que no van a volver a verla nunca más. ¿NUNCA MÁS?

—¡No! ¡Nunca más! ¡JAMÁS!

Se lo prometo. Pero, para cumplir mi promesa y llevarme a Souad al extranjero, necesito que tenga papeles.

—Les voy a pedir una cosa... Quizá les resulte un poco difícil, pero yo estaré con ustedes, y les voy a ayudar. Será necesario que vayamos juntos a la oficina que tramita los papeles de identidad y de viaje.

Este nuevo obstáculo los inquieta inmediatamente. Cualquier contacto con la población israelí, y sobre todo con la administración, es para ellos un problema.

—Les tendré que llevar en coche hasta Jerusalén, a usted y a su esposa, para que puedan firmarlos.

—¡Pero si no sabemos escribir!

—Da igual, la huella digital basta.

—Esta bien, iremos con usted.

Esta vez es a la administración a quien debo preparar para resolver el asunto, antes de regresar a buscar a los padres. Por suerte, conozco a gente en la oficina de visados de Jerusalén. Allí puedo explicarles y los funcionarios conocen mi trabajo con los niños. Además, es a una niña a quien estoy salvando. Souad me dijo que tenía diecisiete años, pero qué más da, todavía es una niña. Les explico a los empleados israelíes que voy a traerles a los padres de una palestina que está gravemente enferma, que no es conveniente tenerles tres horas esperando porque nos arriesgamos a que se vayan sin haber firmado. Son gente analfabeta, que necesitan que yo esté presente para resolver las formalidades. Voy, pues, a traerlos provistos de un certificado de nacimiento, si es que lo tienen, y la administración solamente deberá confirmar la edad de su hija en el salvoconducto. Añado, y aquí vuelvo a lanzarme al vacío, que la muchacha partirá con un bebé. Sin embargo, sigo sin saber dónde está el bebé ni cómo localizarlo.

Pero, por el momento, la cuestión no es ésta: cada

cosa a su tiempo. Mi único problema es apresurar a los padres y que la pequeña Souad reciba un mínimo de cuidados.

Obviamente, el empleado israelí me pregunta:

—Pero ¿sabes el nombre del padre de la criatura?

—No, no sé su nombre.

—¿Hay que poner, pues, «ilegítimo»?

Esta cualificación en un papel oficial me pone nerviosa.

—¡No, no hay que poner «ilegítimo»! ¡Su madre se marcha al extranjero y vuestras historias de ilegitimidad allá no funcionan!

Este salvoconducto para Souad y su hijo no es un pasaporte, es un simple permiso para salir del territorio palestino con destino a un país extranjero. Souad no va a volver nunca a este territorio. Es decir que, virtualmente, dejará de tener una existencia en su país, será borrada del mapa, la pequeña quemada. Un fantasma.

—Me hace usted dos salvoconductos, uno para la madre y otro para el niño.

—¿Dónde está ese niño?

—Voy a encontrarlo.

Pasa un buen rato, pero al cabo de una hora la administración israelí me da luz verde. Y al día siguiente me voy a buscar a los padres, sólo que esta vez, como una chica mayor. Suben a mi coche en silencio, dos máscaras, y nos plantamos en Jerusalén, en la oficina de visados. Para ellos, un territorio enemigo, en el cual suelen tratarlos como si fueran menos que nada.

Espero, sentada a su lado. De cara a los israelíes, de alguna manera yo soy la garantía de que esta gente no viene a poner ninguna bomba. Me conocen mucho desde que trabajo en el ámbito palestino e israelí. De pronto, el empleado que tramita los papeles me hace un gesto para que me acerque:

—¡Esta chica, en los papeles de nacimiento, tiene diecinueve años! ¡Me habías dicho diecisiete!

—No vamos a discutir por esto, de todos modos, a ti te da igual si tiene diecisiete o diecinueve...

—¿Por qué no la has traído? ¡Ella también tiene que firmar!

—No la he traído porque se está muriendo en un hospital.

—¿Y el niño?

—Mira, déjalo estar. Me dais un salvoconducto para la chica, ante sus padres, ellos lo firman, y para el del bebé, os traeré todos los detalles y ya volveré a buscarlo.

Mientras la seguridad del territorio no está puesta en duda, los funcionarios israelíes se muestran cooperativos. En mis comienzos en las organizaciones humanitarias, cuando mi trabajo me llevaba hasta los territorios ocupados, al principio me interpelaban. Acto seguido tuve que apañármelas con ellos. Una vez hubieron comprendido que yo me encargaba también de ayudar a niños israelíes con graves discapacidades, fruto de matrimonios consanguíneos en ciertas comunidades, las cosas empezaron a mejorar. Por desgracia, algunos de sus hijos nacidos de familias ortodoxas, en las que se casan entre primos, nacen mongólicos o con deficiencias muy graves. Es lo mismo que ocurre en algunas familias árabes ultrarreligiosas. Mi trabajo estaba entonces fuertemente ligado a este problema, en ambas comunidades. Eso me permitió evolucionar dentro de cierto clima de confianza, en especial con la administración.

La oficina de salvoconductos está ubicada extramuros, en el lado de la ciudad vieja de Jerusalén. Ahí estaba yo, con los documentos bajo el brazo, marchándome a pie, con los padres siempre mudos, en medio de soldados israelíes armados hasta los dientes, para volver a coger el coche. Del mismo modo que los había ido a buscar a su aldea, ahora los devolvía. El pequeño señor pelirrojo de ojos azules, con su kefia blanca y su bastón, junto a su mujer totalmente vestida de negro, con la mirada clavada en el bajo de su vestido.

Nos queda al menos una hora de trayecto entre Jerusalén y su aldea. La primera vez me daba mucho miedo hablarles, a pesar de mi fama de lanzada. Ahora ya no les temo, no los juzgo, solamente pienso «pobre gente». Todos somos objeto de una fatalidad que nos es propia.

Tanto a la ida como a la vuelta me siguieron sin rechistar. Tenían un poco de miedo de que les pusieran problemas allá, en terreno israelí. Les había dicho que no había nada que temer, que todo iría bien. Aparte de algunas palabras esenciales, no mantuve nunca una auténtica conversación con ellos; jamás vi al resto de la familia, ni el interior de su casa. Me costaba mucho creer, observándolos, que habían querido matar a su hija. Y sin embargo, aunque el ejecutor hubiera sido el cuñado, eran ellos los que habían tomado la decisión... Tuve la misma sensación más adelante, después de esa primera experiencia, con otros padres a los que he conocido en circunstancias iguales. No los llegaba a considerar como asesinos. Estos no lloraban, pero he visto a otros llorar porque ellos mismos son presos de esta costumbre abominable: el crimen de honor.

Frente a su casa, siempre cerrada sobre el secreto y la desgracia, bajan del coche, en silencio, y yo también me voy. No volveremos a vernos.

Me queda mucho por hacer. De entrada, ponerme en contacto con mi «jefe».

Edmond Kaiser es el fundador de Terre des Hommes. Todavía no le he contado mi alocada tentativa. Antes me hacía falta «finalizar», por así decirlo, los aspectos administrativos. Me pongo, pues, en contacto con Edmond Kaiser, quien, a su vez, no había oído nunca hablar de ese tipo de historias. Le resumo la situación:

—Se trata de una chica a la que han quemado y que tiene un bebé. Tengo la intención de llevármela a nuestro país, pero todavía no sé dónde está el bebé. ¿Estás de acuerdo con todo?

—Por supuesto que estoy de acuerdo.

Así era Edmond Kaiser. Un hombre formidable, con intuición para la urgencia irrevocable. Una vez le preguntabas, su respuesta nunca se hacía esperar. Se le podía hablar con total sencillez.

Estoy impaciente por sacar a la pequeña Souad de esa sala de relegación en la que sufre como un perro, pero donde tenemos la suerte, ella y yo, de contar con el gran apoyo del doctor Hasán. Sin su bondad y su coraje, Dios sabe si mis gestiones habrían culminado con éxito.

Los dos decidimos sacarla de noche, en una camilla, discretamente. Me puse de acuerdo con el director del hospital para que no la viera nadie. No sé si fingieron que había muerto durante la noche, es muy probable.

La tiendo detrás, son las tres o las cuatro de la madrugada, y nos vamos hacia otro hospital. En esa época todavía no hay muchas barricadas instaladas a causa de la Intifada. El viaje se desarrolla sin problemas, y llego al amanecer al nuevo hospital, donde ya está todo previsto. El médico jefe está al corriente de la situación, y yo he pedido que no se le hagan preguntas sobre su familia, su aldea o sus padres.

El establecimiento está mejor equipado, y sobre todo más limpio. Recibe ayuda especialmente de la Orden de Malta. Instalan a Souad en una habitación. Yo vendré a verla todos los días, mientras espero obtener los visados y, sobre todo, encontrar al niño.

Ella no me habla del bebé. Parece que le basta saber que está vivo en alguna parte, y esa indiferencia aparente es perfectamente comprensible. Sufrimiento, humillación, angustia, depresión: es incapaz, psicológica y físicamente, de aceptarse como una madre. Hay que saber que las condiciones en las que se acoge a un niño ilegítimo, nacido de una madre a la que se juzga en falta, y por tanto quemada por el honor, son tales que más vale separarlo de la comunidad. Si pudiera dejar vivir a ese bebé en buenas condiciones en su propio país, no dudaría en hacerlo. Tanto para el hijo como para la madre, ésa sería la solución menos penosa. Por desgracia, es imposible. Ese niño viviría toda la vida la vergüenza presumible de su madre en un orfanato en el cual lo despreciarían. Es mi deber, por tanto, sacarlo de allí, como a Souad.

—¿Cuándo nos marcharemos?

No pensaba más que en irse, y me lo preguntaba cada vez que iba a verla.

—Cuando tengamos los visados. Nos los van a dar, no te preocupes.

Se queja de las enfermeras, que le arrancan los apósitos sin cuidado, grita cada vez que se le acercan y se siente maltratada. Estoy segura de que las condiciones de los cuidados, aunque sean más higiénicas, no son las ideales. Pero ¿qué otra cosa puedo hacer mientras no llegan los visados? Y ese tipo de documentación no llega nunca lo bastante rápido.

Durante ese tiempo realizo gestiones para encontrar al pequeño haciendo actuar a mis amistades. La amiga que me reveló el caso de Souad se pone en contacto, un poco reticente, con una asistenta social que se muestra más reticente todavía. El informe de mi amiga es explícito:

—Me ha respondido que sabe dónde está, que es un niño, pero que no se le puede sacar así como así, que es imposible. Creo que te equivocas queriendo ocuparte del niño. ¡Y es cierto, va a ser una carga adicional para ti y para la madre!

Voy, pues, a pedirle la opinión a Souad:

—¿Cómo se llama tu hijo?

—Se llama Marouan.

—¿Fuiste tú quien le puso el nombre?

—Sí, fui yo. El médico me lo preguntó.

Tiene momentos de amnesia y otros de lucidez, en los cuales a veces me cuesta reconocerla. Se ha olvidado de las circunstancias terribles de su parto, ha olvidado que le dijeron que era niño y no me había hablado nunca del nombre. Y de pronto, frente a una pregunta sencilla, su respuesta es directa. Continúo en el mismo sentido:

—¿Qué crees tú? Yo creo que no debemos partir sin Marouan. Voy a ir a buscarlo. No podemos dejarlo aquí...

Ella mira hacia arriba, con dificultad, puesto que sigue teniendo el mentón pegado al pecho.

—¿Tú crees?

—Sí, lo creo. Tú vas a salir, te vas a salvar, pero yo sé en qué condiciones vive Marouan, para él sería un infierno. Va a ser siempre el hijo de *charmuta*. El hijo de puta. Yo no se lo digo, pero ella debe de saberlo. La entonación de ese «tú crees» me basta. Es positiva.

Busco, pues, al niño. Visito en primer lugar uno o dos orfanatos, intentando localizar un bebé que debe de tener dos meses y que se llama Marouan. Pero no lo veo y no soy la más indicada para encontrarlo. A la asistenta social no le gustan las chicas como Souad. Ella es palestina, de buena familia, lo cual no la libra de la mentalidad tradicional. Pero sin ella no voy a conseguir nada. Entonces, a fuerza de insistir, y sobre todo para complacer a mi amiga, me indica el centro en el que está acogido. En esa época, más que de un orfanato se trata de un nido de ratas. Y sacarlo es muy complicado. Es prisionero del sistema que lo ha metido allí.

Inicio las gestiones, cuyas complicaciones acaban finalmente unos quince días más tarde. Me encuentro con intermediarios de todo pelaje, desde los que serían partidarios de librar al niño a la misma suerte que la madre hasta los que están satisfechos de deshacerse de un problema y de una boca que alimentar. Algunos de esos niños se mueren sin explicación. Al fin, están los que tienen corazón y comprenden mi obstinación. Al final me encuentro con un bebé de dos meses en los brazos, de cabeza minúscula, con un poco de forma de pera, con un pequeño bulto en la frente, resultado de su nacimiento antes de término. Pero con buena salud, lo cual es un gran logro por su parte, puesto que no ha conocido ni el cariño ni la ternura. Tiene tan sólo signos de una ligera ictericia, típica de los recién nacidos. Temía encontrarlo con problemas graves. Su madre ardió como una antorcha con el niño dentro, y lo dio a luz en condiciones de pesadilla. Está flaco, pero eso es todo. Me mira con sus ojos redondos, sin llorar, tranquilo.

¿Quién soy? ¿El Zorro? Qué tonta, si ni siquiera sabe quién es el Zorro...

Estoy habituada a los niños desnutridos. En ese momento tenemos sesenta en una institución. Me lo llevo a mi casa, donde tengo todo lo necesario para un caso como el suyo. Ya he llevado de viaje a niños con enfermedades graves para que los operaran en Europa. Instalo a Marouan para pasar la noche en un canasto, con su pañal limpio, vestido, alimentado. Tengo los visados. Lo tengo todo listo. Edmond Kaiser nos espera en Lausana, rumbo al CHU, unidad de quemados graves.

Mañana es la gran partida. Transporte de la madre en una camilla para coger el avión en Tel-Aviv. Souad se deja hacer como si fuera una niña. Sufre terriblemente, pero cuando se lo pregunto, me responde sencillamente «sí, me duele». Sin más.

—¿Si te das un poco la vuelta, no te encuentras mejor?

—Sí, mejor, gracias.

Siempre «gracias». Gracias por la silla de ruedas en el aeropuerto, un artefacto que no había visto en su vida. Gracias por el café con pajita. Gracias por instalarla en un rincón, mientras recojo las tarjetas de embarque. Como llevo al bebé en brazos y me dificulta las formalidades, siempre largas, le digo a Souad: «Mira, te voy a poner al bebé en el regazo, no te muevas...».

Tiene la mirada un poco asustada. Las quemaduras no le permiten cogerlo con los brazos, puede simplemente acercarlos a cada lado del cuerpo del bebé, rígida por la angustia. Y hace un gesto de preocupación cuando le confío al niño. Le resulta duro.

—Quédate así, vuelvo en seguida.

Me veo obligada a contar con ella, no puedo empujar la silla de ruedas, sostener al bebé y presentarme en todos los mostradores del aeropuerto en los que tengo que mostrar el pasaporte, los visados, los salvoconductos y dar explicaciones sobre mi extraña tripulación.

Y es una pesadilla porque los pasajeros que pasan junto a nosotros hacen como todo el mundo cuando ve un bebé: «¡Huy, qué guapo, el bebé! ¡Ah, qué mono!».

Ni siquiera se fijan en la madre, totalmente desfigurada, con la cabeza agachada sobre el niño. Lleva vendajes bajo su camisón de hospital —vestirla era demasiado complicado—, una de mis chaquetas de lana y una manta encima. No puede levantar la cabeza para agradecer los comentarios, y yo sé hasta qué punto le da pánico ese niño que ellos encuentran tan mono.

Mientras me alejo de ella para hacer los trámites, me

digo que la escena es surrealista. Ahí está, quemada, con el bebé en brazos. Ella ha vivido en el infierno, y el bebé también, y la gente pasa con una sonrisa y dicen: «¡Oh, qué bebé tan mono!».

En el momento de embarcar se plantea otro problema: el de hacerla subir al avión. Ya he subido alguna vez una silla de ruedas por la escalerilla de un avión, pero en este caso paso auténticos apuros. Los israelíes tienen una técnica particular: traen una grúa inmensa y Souad se encuentra suspendida en una especie de cabina al cabo de la grúa. La cabina sube lentamente, llega al nivel de la puerta del avión y dos hombres la recogen.

He reservado tres asientos con antelación para poder tumbarla y las azafatas han preparado una cortina para protegerla de las miradas de los demás pasajeros. Marouan está en una cuna de la compañía aérea. Vuelo directo a Lausana.

Souad no se queja. Intento ayudarla a cambiar de postura de vez en cuando, pero nada llega a aliviarla del todo. Los comprimidos analgésicos no sirven de gran cosa. Está un poco azorada, adormecida, pero tiene confianza. Espera. No puedo conseguir que coma, tan sólo le puedo dar de beber con una pajita. Y me encargo de cambiar al bebé, a quien ella evita mirar.

Sufre por tantas cosas complicadas. Desconoce qué significa Suiza, ese país al que la llevo para que la curen. En su vida había visto un avión, ni una grúa, ni tanta gente distinta en la agitación de un aeropuerto internacional. Llevo conmigo una especie de pequeña salvaje analfabeta que no ha acabado de descubrir cosas, que quizá le resultan aterradoras. Y sé también que el sufrimiento está lejos de haber terminado. Hará falta mucho tiempo para que esta superviviente recupere una vida soportable. Ni siquiera sé si van a poder operarla, ni tampoco si todavía se le podrán hacer injertos. Luego vendrá su integración al mundo occidental, el aprendizaje de un idioma y todo el resto. Cuando «sacamos» a una víctima, sabemos, como dice Edmond Kaiser, que adquirimos una responsabilidad de por vida.

La cabeza de Souad está junto a la ventanilla. No creo que sea capaz, en su estado, de pensar en todo lo que le aguarda. Ella espera, sin saber muy bien qué.

—¿Ves esto? Se llaman nubes.

Duerme. Algunos pasajeros se quejan del olor, a pesar de las cortinas que la ocultan. Desde el día de mi primera visita a Souad, en aquella sala de relegación y de muerte, han transcurrido dos meses. Cada centímetro de la piel de su busto y de sus brazos está descompuesto en una enorme llaga purulenta. Por mucho que los pasajeros se tapen la nariz y le hagan a la azafata muecas de asco, a mí me da absolutamente igual. Llevo a una mujer quemada y a su bebé, un día sabrán el porqué. Sabrán también que hay más, muertas o que van a morir, en todos los países en los que la ley de los hombres ha instituido el crimen de honor. En Cisjordania, pero también en Jordania, en Turquía, en Irán, en Iraq, en el Yemen, en la India, en Paquistán e incluso en Israel, y hasta en Europa. Sabrán que las pocas que se escapan están obligadas a ocultarse de por vida, para que sus asesinos no puedan encontrarlas en algún lugar del mundo. Porque todavía lo logran. Sabrán que la mayor parte de las asociaciones humanitarias no se ocupan de ellas porque estas mujeres son casos individuales, ¡«culturales»! Y que en ciertos países las leyes protegen a sus asesinos. Sus casos no provocan grandes campañas comprometidas como contra el hambre y la guerra, o de ayuda a los refugiados o contra las grandes epidemias. Puedo comprenderlo y admitirlo. Que cada uno haga su papel en esa triste obra mundial. Y la experiencia que acabo de vivir demuestra la dificultad y el tiempo que se necesita para implantarse discretamente en un país, detectar a las mujeres que han huido del crimen de honor y ayudarlas, con sus propios riesgos y peligros.

Souad es mi primer «salvamento» de este tipo, pero mi labor no ha terminado. Evitar que muera es una cosa, ayudarla a revivir es otra.

Suiza

Tumbada en el avión pude mirar su rostro pequeño y bonito, largo y moreno, con su gorrito blanco. Perdí la noción del tiempo y tengo la impresión de que no tiene más de tres semanas; sin embargo, Marouan tiene ya dos meses. Jacqueline me dijo que habíamos llegado a Ginebra un 20 de diciembre.

Cuando me lo puso encima tuve miedo. Mis brazos no lo podían sostener, y estaba tan confusa, con una mezcla de dolor y de vergüenza, que no me daba cuenta de lo que ocurría.

Dormía mucho. Ni siquiera me acuerdo del descenso del avión, ni de la ambulancia que me llevó al hospital. No comprendí dónde estaba hasta el día siguiente.

De aquel día extraordinario no me ha quedado nada más que la cara de Marouan y las nubes. Me preguntaba qué eran esas cosas blancas extrañas al otro lado de la ventana y Jacqueline me explicó que estábamos en el cielo. Había entendido bien que nos íbamos a Suiza, pero en aquel momento la palabra no tenía ningún significado para mí. Confundo Suiza y judío, porque todo lo que está fuera de mi pueblo, es decir, al norte, es un país enemigo.

No tengo entonces ninguna noción del mundo, de los países extranjeros, de sus distintos nombres. He crecido comprendiendo solamente una cosa: están mi territorio y el resto del mundo. Es el enemigo, decía mi padre, ¡y come cerdo!

Iba, pues, a vivir en un país enemigo, pero con toda confianza, puesto que «la señora» estaba allá.

La gente que me rodeaba en ese hospital desconocía mi historia. Jacqueline y Edmond Kaiser no les habían contado nada. Era una quemada grave, y eso era lo único que importaba en la unidad.

Se encargaron de mí desde el día siguiente a mi llegada, para hacerme una primera operación de urgencia que consistió en despegarme el mentón para que pudiera levantar la cabeza. Estaba en carne viva, pesaba treinta y cuatro kilos de quemaduras y hueso, y ya no me quedaba piel. Cada vez que veía llegar a la enfermera con su carrito de curas, me echaba a llorar. Sin embargo me daban calmantes y la enfermera era muy delicada. Me cortaba la piel muerta, con cuidado, levantándola con unas pinzas. Me daban antibióticos, me untaban con pomadas. Ya no era el horror de las duchas a chorro, de las gasas arrancadas sin cuidado como había sufrido en el hospital de mi país. Luego consiguieron despegarme los brazos, para que los pudiera mover. Al principio me colgaban de cada lado bloqueados y rígidos como si fueran los brazos de una muñeca.

Empecé a sostenerme de pie, a caminar por los pasillos, a utilizar las manos y a descubrir ese mundo nuevo del cual no hablaba el idioma. Como no sabía leer ni escribir, ni siquiera en árabe, me refugiaba en un silencio prudente hasta que pude identificar algunas palabras básicas.

Sólo podía hablar con Jacqueline y Hoda, que hablaban árabe. Edmond Kaiser era maravilloso. Le admiraba como jamás había admirado a un hombre en mi vida. Era mi «auténtico» padre, ahora me doy cuenta, el que había decidido darme la vida, quien me había enviado a Jacqueline.

Algo que me sorprendió mucho, cuando salí de mi habitación para ir a ver a Marouan a la *nurserie,* fue la libertad de las chicas. Me acompañaron dos enfermeras. Iban maquilladas, peinadas, con vestidos cortos, hablaban con los hombres. Yo me decía: «¡Hablan con los hombres, van a morir!». Estaba tan impresionada que se lo dije, a la primera oportunidad, a Jacqueline y a Edmond Kaiser:

—Mirad a esa chica, ¡habla con un hombre! ¡La van a matar!

Les hice el gesto con la mano de que le cortarían la cabeza.

—No, estamos en Suiza, aquí no ocurre como en tu país, nadie le va a cortar la cabeza, eso es totalmente normal.

—Pero mira, se le ven las piernas, no es normal que enseñe las piernas.

—Sí, es normal. Lleva una bata para trabajar.

—Y los ojos, ¿no es grave maquillarse los ojos?

—No, aquí las mujeres se maquillan, salen, tienen derecho a tener amigos. No es igual que en tu país. Pero aquí no estás en tu país, estás en Suiza.

No lo lograba entender, no me cabía en la cabeza. Creo que acababa con la paciencia de Edmond Kaiser preguntándole siempre lo mismo. La primera vez le dije: «A esta chica no voy a verla nunca más, porque se va a morir».

Pero al día siguiente la seguía viendo allí y me alegraba por ella. Y me decía interiormente: «Gracias a Dios que sigue viva. Sigue llevando la misma bata blanca, sigue enseñando las piernas, así que quizá tengan razón: no se muere por esto». Pensaba que en todos los países ocurría lo mismo que en el mío. Una muchacha que habla con un hombre, si la ven, está muerta.

También estaba impresionada por la manera en que andaban esas chicas. Sonreían, estaban relajadas, y caminaban como los hombres... y veía a muchas rubias:

—¿Por qué son rubias? ¿Por qué no son morenas como yo? ¿Es porque aquí hay menos sol? Cuando haga más calor, ¿se van a poner morenas como yo, y se les va a rizar el pelo? ¡Oh! ¡Se ha puesto manga corta! ¡Mira, mira ahí al lado, las dos mujeres que se ríen! En mi país, una mujer no se ríe nunca con otra, ni se pone manga corta... ¡Y llevan zapatos!

—¡Pues todavía no lo has visto todo!

Recuerdo la primera vez que pude visitar la ciudad, a solas con Edmond Kaiser. Jacqueline se había vuelto a marchar en misión. Vi mujeres sentadas en los restaurantes, fumando sus cigarrillos, con los brazos desnudos y una bonita piel blanca. Tan sólo me fijaba en las rubias de piel blanca, me fascinaban. Me preguntaba de dónde venían. En nuestro país, las rubias son tan raras que los hombres las admiran mucho, y yo pensaba que estaban en peligro por este motivo. Edmond Kaiser me dio mi primera clase de geografía:

—Han nacido blancas, otras nacen de otro color en otros países. Pero aquí, en Europa, también hay mujeres negras, blancas, pelirrojas con pecas en el rostro...

—¿Manchadas como yo?

—No, no quemadas como tú. Pecas pequeñitas, por el efecto del sol sobre su piel blanca.

Miraba, buscaba todo el rato alguna mujer como yo, y le decía a Edmond Kaiser: «Que Dios me perdone, pero me gustaría encontrar a otra mujer quemada como yo, no he visto nunca a ninguna. ¿Por qué soy la única mujer quemada?».

Todavía hoy conservo ese sentimiento de ser la única mujer quemada sobre la tierra. Si hubiera sido la víctima de un accidente no sería lo mismo. Es el destino, no te puedes rebelar contra el destino.

De noche tenía pesadillas y la cara de mi cuñado me volvía a aparecer. Lo sentía girar a mi alrededor y le escuchaba decir: «Me voy a encargar de ti...». Y corría envuelta en llamas. Lo pensaba también durante el día, bruscamente, y esas ganas de morir me volvían para no sufrir más.

Por otro lado, toda la vida me voy a sentir quemada. Toda la vida me voy a tener que esconder, llevar mangas largas, a pesar de que sueño con llevar manga corta como las demás mujeres; tendré que llevar camisas con el cuello abrochado, a pesar de que sueño con llevar escotes como las demás mujeres. Ellas tienen esta libertad; yo soy prisionera de mi piel, aunque camine libre, en la misma ciudad libre.

Entonces, como me apetecía, pedí si podría tener un día un diente de oro, brillante. Y Edmond Kaiser me respondió sonriente:

—No, primero tienes que curarte; luego ya hablaremos de los dientes.

En mi país, un diente de oro es algo maravilloso. Todo lo que brilla es maravilloso. Pero debí de sorprenderlo con mi petición extraña. No tenía nada mío, estaba siempre acostada, me paseaban sólo de vez en cuando, entre las curas, no pude tomar una ducha hasta al cabo de varias semanas. Vestirme antes de cicatrizar estaba fuera de discusión; iba en camisón, cubierta de vendajes. No podía leer, puesto que no sabía. No podía hablar porque las enfermeras no entendían mi idioma. Jacqueline les había dejado unas fichas con palabras en árabe fonético y en francés: comer, dormir, lavabo, mal, no muy mal... todo lo que podía serles útil para cuidarme. Una vez de pie, a menudo me quedaba junto a la ventana. Miraba la ciudad, las luces y la montaña encima. Era magnífico. Contemplaba ese espectáculo boquiabierta. Me daban ganas de salir e ir a pasear, jamás había visto una cosa igual, era tan bonito todo lo que veía.

Cada mañana iba a ver a Marouan. Para ir a la maternidad tenía que salir del edificio. Pasaba frío. Sólo llevaba el camisón, cerrado por detrás, un albornoz y las zapatillas, todo del hospital. Junto al cepillo de dientes también del hospital, éstas eran todas mis pertenencias. Entonces andaba muy rápido, como en mi pueblo, con la cabeza baja. La enfermera me decía que fuera más despacio, pero yo no quería. Me sentía orgullosa allá fuera porque estaba viva, aunque tuviera todavía miedo. Las enfermeras y los médicos no podían hacer nada para evitarlo. Tenía la impresión de que era la única mujer quemada del mundo. Me sentía humillada, culpable, no podía deshacerme de ese sentimiento. A veces, sola en mi cama, pensaba que hubiera tenido que morir porque me lo merecía. Me acuerdo, cuando Jacqueline me trasladó del hospital hasta el avión que nos llevó a Lausana, de que tenía la impresión de ser una bolsa de basura. Me tendría que haber tirado en cualquier rincón para que me pudriera. Esta idea, la vergüenza de ser lo que era, me aparecía con regularidad.

Entonces empecé a olvidarme de mi vida anterior, quería ser otra persona en este país. Ser como esas mujeres libres, integrarme, aprender a vivir lo más rápidamente posible. Durante años he enterrado los recuerdos. Mi pueblo, mi familia no tenían que existir más en mi cabeza.

Pero estaba Marouan, y las enfermeras que me enseñaban a darle el biberón, a cambiarle los pañales, a ser madre durante unos cuantos minutos al día en la medida de mis posibilidades físicas. Y que mi hijo me perdone, pero me costaba mucho hacer lo que me pedían. Inconscientemente era culpable de ser su madre. ¿Podían entenderlo? Era incapaz de asumirlo, de imaginar su futuro conmigo y mis quemaduras. ¿Cómo decirle, más adelante, que su padre era un cobarde? ¿Qué hacer para que no se sintiera culpable, él mismo, de aquello en lo que yo me había convertido? Un cuerpo mutilado, horrible de mirar. Yo misma no lograba imaginarme cómo era antes. ¿Había sido guapa? ¿Había tenido una piel suave? ¿Unos brazos tiernos y un pecho atractivo? Había espejos, la mirada de los demás. En ellos me veía fea y despreciable, tanto por dentro como por fuera. Una bolsa de basura. Estaba todavía en pleno sufrimiento. En el hospital se ocupaban de mi cuerpo, me devolvían la fuerza física, pero en mi cabeza las cosas seguían sin funcionar. No solamente no sabía expresarlo, sino que la palabra «depresión» me resultaba totalmente desconocida. La conocí años más tarde. Solamente pensaba que no debía quejarme y así enterré veinte años de mi vida tan profundamente que todavía me cuesta hacer resurgir los recuerdos. Creo que mi cerebro no podía hacer nada más para sobrevivir.

Luego, durante muchos meses, me hicieron los injertos. Veinticuatro operaciones en total. Mis piernas, que no se habían quemado, sirvieron de piel de recambio. Entre una intervención y la siguiente había que esperar a la cicatrización, y volver a empezar. Hasta que ya no hubiera más tejido que implantar.

La piel injertada estaba todavía frágil, me hacían falta muchísimas curas para ablandarla e hidratarla. Y todavía las necesito.

Edmond Kaiser decidió vestirme. Me llevó a unos grandes almacenes. Tan grandes y tan llenos de zapatos y de ropa que no sabía hacia dónde mirar. No quería los típicos zapatos bordados de mi país. También quería unos pantalones de verdad, no un *saroual*. Ya había visto a muchachas llevarlos cuando iba al mercado con mi padre, en el furgón, a llevar las frutas y las verduras. Ellas llevaban pantalones de moda, muy anchos por abajo; los llamábamos pantalones «charleston». Eran chicas malas y yo no podía ponérmelos allá.

Nunca tuve unos «charleston». Me compró un par de zapatos negros con tacones medios, unos vaqueros normales y un jersey muy bonito. Me quedé decepcionada. Esperaba mis prendas nuevas desde hacía nueve meses, soñaba con ellas. Pero sonreí y le di las gracias. Había adquirido la costumbre de sonreír a la gente, sin cesar, lo cual los sorprendía mucho, y de dar las gracias por todo. Sonreír era mi respuesta a su amabilidad, pero fue también mi única manera de comunicarme durante mucho tiempo. Para llorar, me escondía... era una vieja costumbre. Sonreír es la señal de una vida nueva. Aquí la gente era sonriente, incluso los hombres. Yo quería sonreír todo lo posible. Dar las gracias era lo mínimo. Antes nadie me había dado nunca las gracias. Ni mi padre, ni mi hermano, ni nadie cuando trabajaba como una esclava. Estaba acostumbrada a los golpes, no al agradecimiento.

Sentía, pues, que dar las gracias era una gran cortesía, muestra de un gran respeto. Me complacía darlas porque también me las daban a mí. Gracias por el vendaje, por la pastilla para dormir, por la crema para que no se me agriete la piel, por la comida, y sobre todo por el chocolate. Devoré tabletas enteras de chocolate... Es tan bueno, tan reconfortante.

Entonces le di las gracias a Edmond Kaiser por los pantalones, los zapatos y el bonito jersey.

—Aquí eres una mujer libre, Souad; puedes hacer lo que tengas ganas de hacer, pero te aconsejo que vistas con sencillez, con ropa que te sea adecuada y que no te irrite la piel, y que no te hagas notar.

Tenía toda la razón. En ese país que me acogía con tanta bondad, yo era todavía una pobre campesina de Cisjordania, inculta, sin educación ni familia, ¡que todavía soñaba con llevar un diente de oro!

Abandoné el hospital para trasladarme a un centro de acogida al cabo de un año de mi llegada. Los injertos se sucedían. Volvía a ingresar al hospital para sufrir. Las cosas no iban del todo bien en mi cabeza, pero sobrevivía. No podía pedir nada mejor. Aprendía a hablar francés como podía, expresiones, fragmentos de frases que repetía como un loro, ¡sin ni siquiera saber qué era un loro!

Jacqueline me explicó más tarde que en la época en la que me llevó a Europa, mis hospitalizaciones frecuentes no me permitían seguir cursos de francés con regularidad. Era más importante salvar mi piel que mandarme al colegio. Por otro lado, yo tampoco pensaba en ello. En mi pueblo había dos niñas que cogían el autobús para ir al colegio a la ciudad, y todo el mundo se reía de ellas. Yo también me reía de ellas, convencida, como mis hermanas, de que yendo al colegio no encontrarían marido.

Secretamente, mi mayor vergüenza era la de no tener marido. Conservaba la mentalidad de mi pueblo, era todavía más fuerte que yo. Y me decía que ningún hombre me querría. Y para una mujer de mi país, vivir sin hombre es un castigo de por vida.

En la casa en que me habían acogido con Marouan,

todos pensaban que yo iba a acostumbrarme a ese doble castigo, ser fea y no ser nunca más deseada por un hombre. Pensaban también que iba a ser capaz de encargarme de mi hijo cuando estuviera en condiciones de trabajar para darle una educación. Jacqueline fue la única en darse cuenta de que era totalmente inepta. De entrada porque iba a necesitar años para volver a ser un ser humano y a aceptarme tal como era. Y durante esos años, el niño crecería desatendido. Y luego porque, a pesar de mis veinte años, seguía siendo una niña. No sabía nada de la vida, ni de las responsabilidades, ni de ser independiente.

Fue en ese momento cuando me marché de Suiza. Mis tratamientos habían terminado y podía, por tanto, marcharme a vivir fuera. Jacqueline me encontró una familia de acogida, en otro lugar de Europa. Unos padres adoptivos a los que quise mucho, y a los que llamaba papá y mamá, como Marouan. Esa pareja recibía a muchos niños enviados por Terre des Hommes. Algunos se quedaban mucho tiempo, otros eran adoptados. La familia era siempre numerosa. Había que cuidar a los más pequeños, y yo ayudaba como podía. Un día, «mamá» me dijo que yo cuidaba demasiado a Marouan y no lo suficiente a los demás. Estaba demasiado desorientada para verlo. Mis únicos momentos de soledad los pasaba paseando a la orilla de un río con Marouan en su sillita. Necesitaba caminar, estar al aire libre. No sabía por qué tenía tantas ganas de andar sola por el campo, quizá por la costumbre de sacar al rebaño. Me llevaba, como antes, un poco de agua y algo de comer, y empujaba la sillita, andando deprisa, erguida y orgullosa. Era una mujer de doble faz, andaba rápido como en mi país y erguida y orgullosa como en Europa.

Hice todo lo posible por hacer lo que mamá decía, es decir, trabajar más con ella para cuidar de los otros niños. Era la mayor, era lo normal. Pero una vez encerrada en esa casa me moría de ganas de liberarme, de ir fuera a ver a gente, de hablar, de bailar, de conocer a un hombre para ver si todavía podía ser una mujer.

Me hacía falta esta prueba. Estaba loca por esperarlo, pero era superior a mí; quería intentar vivir.

Marouan

Marouan tenía cinco años cuando firmé los papeles que permitían a nuestra familia de acogida adoptarlo. Había avanzado un poco en el conocimiento de su idioma, seguía sin saber leer ni escribir, pero sabía lo que hacía. No se trataba de un abandono. Mis nuevos padres iban a educar al pequeño lo mejor posible. Al convertirse en su hijo iba a beneficiarse de una auténtica educación, y tendría un nombre que lo protegería de todo mi pasado. Yo era totalmente incapaz de darle un equilibrio, un cuidado, una escolaridad normal. Muchos años más tarde me siento culpable de haber hecho esta elección. Pero esos años me permitieron reconstruir una vida en la cual había dejado de creer, a pesar de esperarla de manera instintiva. No sé muy bien explicar estas cosas sin acabar hecha un mar de lágrimas. Durante todos estos años quise convencerme de que no sufría por esta separación. Pero una no puede olvidar a su hijo, y sobre todo a este hijo.

Sabía que era feliz, y él sabía que yo existía. Con cinco años, no podía ignorar que tenía una madre de verdad, puesto que habíamos vivido juntos en casa de nuestros padres adoptivos. No sabía cómo le habían explicado mi partida, pero la familia acogía a muchos niños procedentes de todo el mundo, y me acuerdo de que en cierto momento éramos dieciocho alrededor de la mesa. La mayoría, niños perdidos. Todos los llamábamos «mamá» y «papá». Esta gente formidable recibía de Terre des Hommes el dinero necesario para la acogida provisional de ciertos niños y cuando se volvían a marchar era siempre doloroso. Vi a algunos echarse a los brazos de mamá o de papá, porque no querían marcharse. Pero esta casa para ellos no era más que una parada, un lugar destinado a devolverles la salud. La mayoría se quedaban en casa de nuestros padres el tiempo necesario para someterse a una operación de urgencia, imposible de realizar en su país, y luego regresar. Tenían, pues, un auténtico país y una auténtica familia en algún lugar del mundo. Los que no tenían adónde regresar, como Marouan y yo, fueron adoptados. Yo estaba legalmente muerta en Cisjordania y Marouan no existía en aquel país. Finalmente, había nacido aquí, como yo, un 20 de diciembre. Y sus padres eran también los míos. Era una situación un poco extraña, y cuando dejé este hogar familiar, al cabo de casi cuatro años de vida en común, me consideraba a mí misma más bien como una hermana mayor de Marouan. Tenía veinticuatro años. Ya no podía seguir a su cargo. Tenía que ponerme a trabajar, ganarme mi independencia, convertirme en un adulto.

Si no hubiera optado por dejarlo allá y darlo en adopción, no hubiera podido educarlo sola. Era una madre depresiva, le hubiera hecho llevar la carga de mi sufrimiento, el odio hacia mi familia cisjordana. ¡Le hubiera tenido que contar cosas que deseaba tanto olvidar! No podía, era superior a mis fuerzas. No tenía dinero, estaba enferma, refugiada y forzada a vivir bajo una identidad falsa el resto de mi vida porque procedía de un pueblo en el que los hombres son cobardes y crueles. Y me quedaba todo por aprender. La única solución que tenía era lanzarme a ese nuevo país y a sus costumbres para intentar sobrevivir. Marouan quedaría protegido de mi guerra personal. Yo me decía: «Estoy aquí, ahora, tengo que integrarme en este país, no tengo elección». No quería que el país me integrara, era yo quien debía integrarse, yo quien debía reconstruirse. Mi hijo hablaba el idioma, tenía unos padres europeos, unos papeles, un futuro normal, todo lo que yo no había tenido y que seguía sin tener.

Elegí sobrevivir y dejar vivir. Sabía, porque había vivido con ellos, que aquella familia era buena para él. Por otro lado, cuando me hablaron de adopción, se habló de la posibilidad de entregarlo a otros padres, pero yo me negué: «¡No, no quiero otra familia! Marouan se queda aquí o nada. Yo he vivido con vosotros, sé cómo le vais a educar, no quiero que lo manden a otra familia».

Papá me dio su palabra. Yo tenía veinticuatro años, y una edad mental que no llegaba a los quince. Me había quedado bloqueada en la infancia por exceso de desdicha. Mi hijo pertenecía a una vida que yo debía olvidar para poder construir otra. En aquel momento no podía explicarme las cosas con tanta claridad, más bien al contrario. Avanzaba día tras día como en medio de la niebla y por instinto. Pero de una cosa estaba segura: mi hijo tenía derecho a tener una seguridad y unos padres normales. Yo no era una madre normal. Me odiaba a mí misma, lloraba por mis quemaduras, por esa piel horrible que me condenaba de por vida. Al principio, en el hospital, creía que toda aquella gente maravillosa iba a devolverme mi piel y que iba a volver a ser como antes.

Cuando comprendí que no podían devolverme más que la vida en ese envoltorio de pesadilla para el resto de mis días, me hundí en el interior de mí misma. Ya no era nada, era fea, tenía que esconderme para no molestar a los demás.

Los años siguientes, recuperando poco a poco el gusto de vivir, quise olvidar a Marouan, segura de que tenía más suerte que yo. Él iba al colegio, tenía padres, hermanos, una hermana, por fuerza tenía que ser feliz. Pero seguía allí, escondido en un rincón de mi cabeza.

Cerraba los ojos y ahí estaba. Corría por la calle y ahí estaba, detrás, delante o a mi lado, como si yo huyera y él me persiguiera. Tenía siempre esa imagen del niño que una enfermera me ponía en el regazo y que yo no podía tomar en brazos, porque yo corría por el jardín, envuelta en llamas, y él se quemaba conmigo. Un hijo al que su padre no quiso, sabiendo perfectamente que nos condenaba a muerte a los dos. ¡Y pensar que había amado a ese hombre, y que había esperado tanto de él!

Tenía miedo de no volver a encontrar a otro. Por culpa de mis cicatrices, de mi cara, de mi cuerpo y de lo que yo era por dentro. Siempre esa idea de que no valía para nada, ese miedo de no gustar, de ver cómo las miradas se desviaban.

Empecé por trabajar en una granja; luego, gracias a papá, entré en una fábrica en la que se hacían piezas de precisión. Era un trabajo limpio, y ganaba un buen sueldo. Comprobaba los circuitos impresos, las piezas de un mecanismo. Había otra sección interesante en la fábrica, pero había que comprobar las piezas en el ordenador y yo no me sentía capaz de hacerlo. Rechazaba el aprendizaje de ese puesto, fingiendo que prefería trabajar de pie en la cadena de montaje. Un día me llamó la jefa de equipo:

—¿Souad? Venga conmigo, por favor.

—Sí, señora.

—Siéntese aquí, a mi lado, coja ese ratón, le voy a enseñar.

—Pero es que yo no lo he hecho nunca, no voy a saber. Prefiero estar en la cadena...

—¿Y si resulta que un día ya no tenemos trabajo de montaje? ¿Qué haremos? ¿Nada? ¿Ya no habrá trabajo para Souad?

No osaba llevarle la contraria. Aunque tuviera miedo. Cada vez que tenía que aprender algo nuevo, se me humedecían las manos y me temblaban las piernas. Me entraba un pánico absoluto, pero apretaba los dientes. Cada día, cada hora de mi vida tenía que aprender, sin ningún bagaje, incapaz de leer y escribir como los demás. ¡Analfabeta sin ni siquiera conocer la palabra! Pero quería tanto trabajar que si esa mujer me hubiera pedido que metiera la cabeza en un saco y dejara de respirar, yo lo habría hecho.

Entonces aprendí a utilizar un ratón y a comprender una pantalla de ordenador. Y al cabo de unos cuantos días, funcionaba. Todos estaban muy contentos conmigo. No falté ni un solo minuto en tres años, mi sitio estaba siempre impecable —lo limpiaba todos los días antes de irme— y llegaba siempre pronto, antes que los demás. Me habían «enderezado» desde la infancia, a garrotazos, acostumbrado al trabajo intenso y a la obediencia, a la precisión y a la limpieza. Era mi segunda naturaleza, lo único que me quedaba de mi vida anterior. Me decía a mí misma: «Nunca se sabe, si mañana viene otro, no quiero que encuentre mi sitio sucio...».

Incluso me volví un poco maniática del orden y la limpieza. Un objeto ha de salir de su lugar y ser devuelto a su lugar, hay que ducharse todos los días, lavarse los dientes tres veces al día, lavarse el pelo dos veces por semana, cepillarse las uñas, cambiarse cada día la ropa interior... busco la pureza en todas partes, me resulta muy importante, sin saber dar una explicación.

Me gusta elegir mi ropa, pero eso sí sé por qué: porque siempre me prohibieron elegir. Me gusta el rojo, por ejemplo, porque mi madre me decía: «Aquí tienes tu vestido, póntelo». Era un vestido feo y gris, pero, aunque no me gustara, me lo ponía.

Pero me gustan el rojo, el verde, el azul, el amarillo, el negro, el marrón... todos los colores que me estaban prohibidos. En cuanto a la forma, no tengo elección: cuello vuelto, o redondo, camisa abrochada, pantalón. Y el pelo tapándome las orejas. No puedo enseñar nada.

A veces me iba a sentar en la terraza de un café, embutida en mi ropa, tanto en verano como en invierno, y miraba pasar a la gente. Las mujeres en minifalda o escotadas, con los brazos y las piernas expuestos a las miradas de los hombres. Espiaba en esas miradas la que podría posarse sobre mí, y no veía ninguna, y entonces me volvía a marchar a casa. Hasta un día en el que vi por la ventana de mi habitación un coche, y un hombre en su interior del cual sólo veía las manos y las rodillas.

Me enamoré. Era el único hombre de la tierra. Sólo lo veía a él, a causa de aquel coche, de sus dos manos sobre el volante.

No me enamoré de él porque fuera guapo, amable, tierno, porque no me pegaba o porque me hacía sentir segura. Me enamoré porque conducía. Tan sólo ver su coche que aparcaba frente al edificio ya me bastaba para que se me acelerara el corazón. Estar allí, sencillamente viéndolo subir o bajar de ese coche cuando se iba a trabajar, o cuando regresaba... ¡me hacía llorar! Por la mañana temía que por la noche no volviera.

No me di cuenta de que era lo mismo que la primera vez. Fue necesario que alguien me lo dijera, más tarde, para darme cuenta. Un coche y un hombre que se marcha y que regresa bajo mi ventana, a quien amo al principio sin decírselo, a quien espío con la angustia de no saber si va a volver. Era simple. En aquel momento no le di más vueltas. A veces intentaba hacer trabajar mi memoria, saber el porqué de las cosas de mi vida, pero lo dejaba correr muy rápido, me resultaba demasiado complicado.

Antonio tenía un coche rojo. Yo permanecía en mi ventana hasta que desaparecía de mi vista... y entonces volvía a cerrar la ventana.

Nos encontramos, hablé con él, me enteré de que tenía una novia a quien conocía, entonces esperé. Al principio nos hicimos amigos. Pasaron al menos dos años y medio o tres años antes de que esa amistad se transformara en otra cosa. Yo estaba enamorada, pero él... no sabía qué pensaba de mí. No me atrevía a preguntárselo, pero hacía todo lo posible para que me amara, para retenerlo. Quería dárselo todo, servirlo, mimarlo, alimentarlo, hacerlo todo para que no me dejara.

Era la única forma, no veía ninguna más. ¿Cómo podía seducirlo? ¿Con mis bonitos ojos? ¿Con mis bonitas piernas? ¿Con mi bello escote?

Primero vivimos juntos, sin casarnos, y necesité un tiempo para sentirme cómoda. No podía haber luz para desnudarme. Por la mañana, me encerraba en el cuarto de baño lo más rápido que podía, y no volvía a aparecer hasta que me había tapado con un albornoz que me envolvía de pies a cabeza. Y eso duró mucho tiempo. Todavía hoy me inquieta. Sé que mis cicatrices no son bonitas.

Para empezar nos mudamos a un estudio en la ciudad. Trabajábamos los dos. Él ganaba un sueldo correcto y yo también. Y yo esperaba que me pidiera en matrimonio, pero él no hablaba nunca de esto. Y yo soñaba con un anillo, en una ceremonia, entonces hice por él lo que mi madre hacía por mi padre, lo que todas las mujeres de mi pueblo hacían por sus maridos. Me levantaba cada día a las cinco de la mañana especialmente para él, para lavarle los pies y el pelo. Para tenerle la ropa limpia y bien planchada. Para mirarlo partir al trabajo con un último gesto de la mano, con un beso lanzado desde la ventana...

Y le esperaba, de noche, con la cena lista, hasta las doce y media, hasta la una de la madrugada si hacía falta, para cenar con él. Incluso si tenía hambre, le esperaba como había visto hacer a las mujeres de mi pueblo. Con la diferencia de que yo había elegido a este hombre, que nadie me lo había impuesto y que yo lo amaba. Debía de ser muy sorprendente para él. Un hombre occidental no está acostumbrado a esto. Al principio me dijo: «¡Es estupendo! Te lo agradezco, eso me hace ganar tiempo y ya no tengo de qué preocuparme».

Era feliz. De noche, cuando volvía, se sentaba en su sillón y yo le quitaba los zapatos y los calcetines. Le daba las zapatillas. Me había puesto totalmente a su servicio para retenerlo en casa.

Temía cada día que se fuera con otra. Y cuando volvía por la noche y se comía la cena que le había preparado, me sentía aliviada, feliz hasta el día siguiente.

Pero Antonio no quería casarse y no quería tener hijos. Y yo sí quería. Él no estaba preparado. Respeté su postura hasta que lo estuviera. Esperé cerca de siete años de esta manera. Antonio sabía que yo había tenido un hijo, y que había sido adoptado. Le había tenido que contar lo esencial de mi vida, explicarle las cicatrices de las quemaduras, pero una vez contado, nunca más volvimos a hablar del tema. Antonio pensaba que había encontrado la mejor solución para mi hijo. Marouan pertenecía a otra familia, yo ya no tenía nada que decir sobre su vida. Recibía noticias suyas con bastante regularidad, pero tenía miedo de ir a verlo.

Durante todos esos años no fui a verlo más que tres veces. De puntillas. Había acabado por acostumbrarme a ese sentimiento adicional de culpa. Me esforzaba tanto por olvidar que casi lo conseguía.

Pero quería tener al menos un hijo. Casarme antes, eso era obligatorio. Tenía que poder rehacer mi vida por orden: un marido, una familia.

Tenía casi treinta años el día de esa boda tan esperada. Antonio estaba preparado, su situación había mejorado, podíamos mudarnos del estudio a un apartamento. Y él también quería un hijo. Era mi primera boda, mi primer vestido de novia, mis primeros zapatos elegantes.

Una falda larga de piel, una blusa de piel, una chaqueta de piel, escarpines de tacón. Todo blanco y de cuero. El cuero es suave, y también caro. Me gustaba esa sensación sobre la piel. En las tiendas, era incapaz de pasar junto a una prenda de piel sin tocarla, palparla, opinar sobre su suavidad. Nunca había comprendido por qué, pero ahora lo sé: era como cambiar de piel. Y es también una defensa, una manera de presentar una piel bonita a la mirada de los demás, no la mía. Como la sonrisa, es una manera de ofrecer felicidad a los demás, pero no obligatoriamente la mía.

Esa boda fue la alegría de mi vida. La única que había podido conocer antes de esto fue mi primera cita con el padre de Marouan. Pero ya no pensaba más en ello. Estaba olvidado, se había marchado a otra cabeza que no era la mía. Cuando me quedé embarazada, me sentí en el paraíso.

Laetitia fue realmente una hija deseada. Le hablaba siempre mientras estaba en mi vientre, estaba orgullosa de mostrarlo y llevaba ropas ajustadas. Quería que todo el mundo supiera que esperaba un hijo, que todo el mundo viera mi anillo y mi alianza. Toda mi actitud, en aquel momento, fue la contraria de la que había tenido la primera vez, y ni siquiera me daba cuenta. Había tenido que esconderme, mentir y suplicar, rezar para casarme, para que no naciera un niño de mi vientre para deshonor de mi familia. Y ahora estaba viva, por la calle, caminaba por las aceras con este vientre nuevo, este niño nuevo. Creía haberlo borrado todo con esta felicidad. Creía en ello porque lo deseaba con todas mis fuerzas.

En un rincón de mi cabeza, Marouan estaba escondido, pequeñito. Un día, quizá, sería capaz de enfrentarme a él, de contarle, pero todavía no había acabado de renacer.

Laetitia llegó como una flor. Tardó el tiempo de decirle al médico:

—Creo que necesito ir al lavabo...

—No, es el bebé que ya llega.

Una flor pequeñita, de pelo negro, de tez mate. Se deslizó al exterior de mi vientre con una facilidad asombrosa. A mi alrededor decían: «Para ser el primero, es magnífico; es raro parir con tanta facilidad...».

Le di el pecho hasta los siete meses y medio, y fue un bebé muy fácil. Comía mucho, dormía bien, nunca tuvo ningún problema de salud.

Al cabo de dos años quise tener otro hijo. Niño o niña, me daba igual. Pero lo deseaba tanto que no venía, y el médico nos aconsejó que nos fuéramos de vacaciones, Antonio y yo, y que no pensáramos más en ello. Pero yo estaba pendiente, y a cada decepción, una vez al mes, se me caían las lágrimas. Hasta que, al final, otra pequeña se dibujó en el horizonte.

Los dos nos volvimos locos de alegría cuando nació Nadia.

Un día, siendo muy pequeña, mientras me acariciaba la mano, Laetitia me preguntó:

—¿Qué es esto, mamá? ¿Pupa? ¿Qué es?

—Sí, mamá tiene una pupa, pero ya te lo contaré cuando seas mayor.

Ya no me volvió a decir nada más. Poco a poco, me levantaba las mangas delante suyo, me mostraba un poco más. No quería asustarla, darle asco, de modo que lo hacía progresivamente.

Un día me tocó el brazo, debía de tener cinco años:

—¿Qué es eso, mamá?

—Mamá se quemó.

—¿Quién te quemó?

—Alguien.

—¡Era alguien muy malo!

—Sí, muy malo.

—¿Crees que papá podría hacerle lo mismo que te hizo a ti?

—No, tu padre no puede hacer lo que le hicieron a mamá, porque fue muy lejos, en el país donde yo nací, y sucedió hace mucho tiempo. Eso, mamá te lo contará cuando seas mayor.

—Pero ¿con qué te quemaron?

—Mira, en ese país, las lavadoras no existen como aquí, entonces mamá cogía agua y hacía un fuego...

—¿Cómo hacías el fuego?

—¿Te acuerdas con papá, cuando fuimos a buscar leña al bosque y luego hicimos un fuego para cocinar las salchichas? Mamá hacía lo mismo: tenía un lugar para hacer fuego, para calentar el agua. Y mamá lavaba la ropa y vino un señor, y cogió un líquido muy malo, que lo quema todo, que puede hasta quemar una casa entera, le echó el líquido a mamá en el pelo y lo encendió con una cerilla. Y así fue como mamá se quemó.

—¡Es malo! ¡Lo odio! ¡Voy a ir a matarlo!

—Pero si no puedes ir a matarlo, Laetitia. Quizá Dios ya lo haya castigado. Porque a mí sí que me castigó. Pero yo soy muy feliz, porque estoy con papá y contigo. Y porque te quiero.

—Mamá, ¿por qué te lo hizo?

—Es muy largo de explicar... eres demasiado pequeña.

—¡Cuéntamelo!

—No, Laetitia. Mamá te ha dicho que te lo contará en su momento. Porque son cosas graves, muy difíciles de explicar, y ahora no lo entenderías. Todo lo que mamá te ha contado ahora ya es suficiente.

El mismo día, después de la cena, yo estaba en un sillón y ella estaba de pie cerca de mí. Me acarició el pelo y me empezó a levantar el jersey. Veía claramente cuál era su intención, pero me ponía enferma.

—¿Qué haces, Laetitia?

—Me gustaría verte la espalda.

La dejé hacer.

—Huy, mamá, no es nada suave tu piel. Mira la mía, lo suave que es.

—Sí, tu piel es suave porque es tu piel de verdad, pero la piel de mamá no es suave porque tiene una gran cicatriz. Es por eso por lo que tienes que ir con mucho cuidado con las cerillas. Son de papá, son solamente para encender los cigarrillos de papá. Si las tocas, te vas a quemar como mamá. ¿Me lo prometes? El fuego te puede matar.

—¿Te da miedo el fuego? ¿Eh, mamá?

No podía ocultarlo, ese miedo reaparecía a la mínima ocasión. Y las cerillas eran mi bestia negra. Y sigue siendo el caso.

Laetitia empezó a tener pesadillas, la oía agitarse, gritaba: «¡Ay! ¡Ay!». Y la veía aferrarse al edredón con todas sus fuerzas. Una vez se cayó de la cama. Esperaba que las cosas empezaran a calmarse, pero un día me dijo:

—¿Sabes qué, mamá? Por la noche vengo a ver si estás durmiendo.

—¿Por qué lo haces?

—Para que no te hayas muerto.

La llevé a mi médico. Me preocupaba por ella, me sentía mal por haberle contado demasiadas cosas. Pero el médico me dijo que había hecho bien contándole la verdad, y que había que estar alerta para ver cómo evolucionaba.

Y luego le llegó el turno a Nadia. Más o menos a la misma edad. Pero ella reaccionó de manera muy distinta. Ella no tuvo pesadillas, no temía por mí, pero no estaba bien. Yo veía que se lo guardaba todo dentro. Estábamos sentadas juntas y ella suspiraba:

—¿Por qué suspiras, cariño?

—No sé, porque sí.

—El corazón que suspira no tiene todo lo que desea. ¿Qué quieres decirle a mamá y no te atreves a hacerlo?

—Son muy pequeñas, tus orejas. ¿Tienes las orejas pequeñas porque no comías lo bastante?

—No, cariño. Mamá tiene las orejas pequeñas porque se las quemaron.

Le expliqué a Nadia lo mismo. Quería que mis dos hijas oyeran las mismas cosas, las mismas palabras. Así que utilicé el mismo vocabulario, la misma verdad con Nadia.

Le hizo daño. Nadia no dijo, como su hermana, que quería matar al que me había hecho eso; ella me dijo que quería tocar. Yo llevaba pendientes; los llevo a menudo para esconder lo que queda de mis orejas.

—Puedes tocar, pero no tires de los pendientes, porque me harías daño.

Me rozó las orejas y se marchó a su habitación, cerrando la puerta.

Lo más difícil de soportar para ellas debía de ser el colegio. Se hacían mayores, y Antonio no podía ir siempre a recogerlas. Me imaginaba las preguntas de sus compañeros de clase. ¿Por qué es así tu madre? ¿Qué tiene tu madre? ¿Por qué lleva siempre jersey en verano? ¿Por qué no tiene orejas?

La etapa siguiente de explicaciones fue la más dura. La simplifiqué, sin hablar de Marouan. Mentí. Había conocido a un señor a quien quería y que me quería, pero mis padres no me lo permitían, habían decidido que debían quemarme para que muriera. Era la costumbre de mi país. Pero la señora Jacqueline, que venía a vernos a menudo a casa, me llevó a Europa para curarme.

Laetitia era siempre la más violenta, Nadia silenciosa. Laetitia tenía doce años cuando me dijo que quería ir a mi país y matarlos a todos. Casi las mismas palabras que su padre, cuando le conté mi historia y el nacimiento de Marouan. «¡Espero que revienten todos por haberte hecho esto!»

Yo misma volví a tener pesadillas. Estaba acostada, dormía, y mamá venía con un cuchillo brillante en la mano. Lo agitaba por encima de mi cabeza y me decía: «¡Voy a matarte con este cuchillo!». Y el cuchillo brilla como una luz... Mi madre es real, está realmente ahí, presente encima de mi cabeza. Y yo me despierto empapada, aterrorizada.

Esta pesadilla se me repitió a menudo. Me despertaba siempre en el momento en el que el cuchillo brillaba con más fuerza. Lo que me resultaba más insoportable era volver a ver a mi madre. Peor que la muerte, peor que el fuego, esa cara me acecha. Ella quiso matarme, mató a sus bebés, es capaz de cualquier cosa, ¡y es mi madre! ¡Salí de su vientre!

Tengo tanto miedo de parecerme a ella que un día decidí someterme a una nueva operación, pero esta vez de cirugía estética. Una más, una menos... Ésta iba a liberarme de un parecido físico que ya no podía soportar en el espejo. Un pequeño bulto entre las cejas, al principio de la nariz, el mismo que el suyo. Ahora ya no lo tengo, y me encuentro más guapa. Sin embargo, la pesadilla me perseguía. Y el médico no podía hacer nada. Quizá hubiera tenido que ir a un psiquiatra, pero la idea no se me ocurrió.

Un día fui a ver a una curandera para contarle mi caso. Me dio un pequeño cuchillo, minúsculo, y me dijo: «Póngaselo debajo de la almohada, con la hoja cerrada, y no volverá a tener esta pesadilla».

Hice lo que ella me dijo y el cuchillo no ha vuelto a aterrorizarme durante los sueños.

Por desgracia, sigo pensando en mi madre.

Todo lo que falta

Me hubiera gustado aprender a escribir. Sé leer, pero solamente la letra impresa. No puedo comprender una letra escrita a mano porque aprendí leyendo el periódico. Pero me sucede a menudo que me encallo en una palabra. Entonces les pregunto a mis hijas.

Edmond Kaiser y Jacqueline habían intentado darme algunas nociones, al principio. Yo quería aprender para ser como los demás. Hacia los veinticuatro años, cuando empecé a trabajar, tuve la posibilidad de asistir a unas clases durante tres meses. Estaba muy contenta. Me resultaba muy difícil, porque me costaban más de lo que ganaba, y entonces Antonio me dijo: «No importa, puedo ayudarte». Pero yo le respondí: «No, quiero pagarme mi curso yo sola».

Quería llegar yo misma, con mi propio dinero. Lo dejé al cabo de un mes, pero me ayudó mucho. Me enseñaron a coger el lápiz como un niño de parvulario, y a escribir mi nombre. No sabía ni escribir la *a,* ni la *s,* ni nada. Así pues, aprendí el abecedario, letra tras letra, al mismo tiempo que el idioma. Al acabar este curso ya era capaz de descifrar algunas palabras en el periódico.

Entonces empecé a leer el horóscopo, ¡porque me habían dicho que era libra! Cada día descifraba mi futuro. Lo que comprendía no era siempre claro, pero al principio me hacían falta textos breves y frases cortas. Leer un artículo entero no pude hacerlo hasta más adelante. Entre los textos cortos estaban también las necrológicas. ¡Nadie las ha leído con tanta atención como yo! «La familia X tiene el dolor de comunicarles el fallecimiento de la señora X. Descanse en paz.»

También leía los anuncios matrimoniales, las ventas de automóviles, pero lo dejé muy pronto: las palabras abreviadas no eran para mí. Quise suscribirme a un diario, un periódico muy popular, pero Antonio lo encontraba una estupidez... Entonces, cada día, antes de empezar a trabajar, me iba a la ciudad y empezaba por tomarme un café y leer el periódico. Me encantaba ese momento. Para mí era lo mejor para aprender. Y poco a poco, cuando la gente hablaba a mi alrededor de un suceso cualquiera, yo podía responder que yo también lo sabía, que lo había leído en el periódico. La gente viaja, va, viene, habla del mar, del restaurante, de los hoteles, de la playa. Hablan de todo el mundo y yo no podía hablar con ellos de todo esto. Ahora ya puedo.

Conozco un poco la geografía de Europa, las grandes capitales y algunas ciudades más pequeñas. He visto Roma, Venecia y Portofino. En España, visité Barcelona con mis padres adoptivos, pero sólo estuve cinco días. Fue durante unas vacaciones de verano. Hacía mucho calor y tenía la sensación de estar privando a papá y mamá de la playa, de estar obligándolos a quedarse encerrados como yo. Entonces regresé y ellos se quedaron. Un traje de baño, para mí, es algo difícil de asumir. Debería encontrarme sola en una playa, como estoy en mi cuarto de baño.

He visto pocas cosas del mundo. El mundo es una bola redonda, pero nunca me han enseñado a comprenderla. Por ejemplo, sé que Estados Unidos está en América, pero ignoro dónde está esa América en la bola redonda. Ni siquiera sé cómo situar Cisjordania.

Intenté consultar los libros de geografía de mis hijas, pero no sé ni cómo empezar para imaginarme todos los países. No me doy cuenta de las distancias. Si alguien me dice, por ejemplo, «nos encontramos a quinientos metros de tu casa», no soy capaz de medir esos quinientos metros en mi cabeza. Busco la referencia visualmente de una calle o de una tienda que conozco. Así, el mundo no llego a imaginármelo del todo. Miro la información meteorológica internacional por la tele e intento recordar dónde están Inglaterra, Madrid, París y Londres, Beirut y Tel Aviv.

Recuerdo haber trabajado al lado de Tel Aviv con mi padre. Era todavía pequeña, de unos diez años. Nos habían llevado hasta allí para recoger coliflores, para un vecino que nos había hecho el favor de segar el trigo con nosotros. Había una barrera que nos protegía de los judíos, estábamos casi en sus tierras. Yo creía que bastaba con cruzar esa barrera para convertirte en judía, y eso me daba mucho miedo. Me doy cuenta de que los recuerdos que conservo de mi infancia están todos asociados al miedo.

Me habían enseñado que no había que acercarse a los judíos porque eran *halouf,* «cerdos». Ni siquiera había que mirarlos. Para nosotros, pues, era algo horrible estar allá, tan cerca de ellos. Comían cosas tan distintas, vivían de forma tan distinta. No se pueden ni comparar con nosotros, somos como la noche y el día, como la lana y la seda. Aprendí cosas así. La lana son los judíos y la seda son los musulmanes. No entiendo por qué me metieron esto en la cabeza, pero no había nada más que pensar. Cuando veíamos a un judío por la calle —por otro lado, ellos no venían casi nunca—, enseguida se formaban enfrentamientos con piedras y trozos de madera. Sobre todo no había que acercarse ni hablarle, ¡de lo contrario te convertías en judío como él! Tengo que saber de una vez por todas que eso son tonterías; esas gentes no me han hecho ningún daño. En mi barrio, por ejemplo, hay una preciosa carnicería judía. La carne que tienen es mejor, yo ya la he tomado, pero no me atrevo a entrar sola para comprar yo misma. Entonces voy al carnicero tunecino porque es tunecino. ¿Por qué? No lo sé. A menudo me digo: «Souad, vas a entrar ahí y comprarás su magnífica carne, ¡es carne como cualquier otra!».

Sé que un día lo conseguiré. Pero sigo teniendo miedo. Me dijeron demasiado que no había que tener ningún contacto con ellos, que había que ignorarlos como si no existieran en la Tierra. Era algo más que odio, eran el peor enemigo de los musulmanes.

Nací musulmana y sigo creyendo en Dios, sigo siendo musulmana, pero hoy ya no me queda gran cosa de las costumbres de mi pueblo. Y no me gusta la guerra, odio la violencia. Si alguien me hace algún reproche, por ejemplo que reniego de la religión musulmana porque hablo mal de los hombres de mi país —me ha sucedido—, en vez de pelearme, hablo, intento convencer al otro, forzándolo a escucharme para ayudarlo a entender lo que no ha entendido.

Mi madre se peleaba con las vecinas. Cogía piedras para lanzárselas, o les tiraba de los pelos. En mi tierra, nos peleamos siempre tirándonos del pelo. Y yo me escondía detrás de la puerta, en el horno del pan o en el establo con las ovejas. No quería verlo.

Me gustaría aprender todo lo que no sé. Entender las diferencias del mundo, y espero que mis hijas, aquí, aprovecharán su suerte. Es mi desgracia la que se la ha dado, es el destino el que las protege de la violencia de mi país, de la guerra, de las piedras y de la maldad de los hombres. No quiero que les metan en la cabeza lo que metieron en la mía y que tantos problemas tengo para superar. Intento reflexionar sobre ello y me doy cuenta de que, si me hubieran dicho que tengo los ojos azules sin darme nunca un espejo, toda la vida hubiera pensado que tengo los ojos azules. El espejo representa la cultura, la educación, el conocimiento de uno mismo y de los demás. Si me miro a un espejo, por ejemplo, me digo: «¡Qué bajita eres!».

Sin espejo, andaría sin darme cuenta, a menos que estuviera al lado de alguien alto. ¿Y qué pensaría del alto si caminara también sin saber que es alto?

Empiezo a ser consciente de que no sé nada de los judíos, que nunca aprendí su historia y que, si sigo así, ¡yo también podría decirles a mis hijas que el judío es un *halouf*! Les transmitiría una idiotez en vez del saber y de la posibilidad de pensar por ellas mismas.

Un día, Antonio le dijo a Laetitia:

—No quiero que un día te cases con un árabe.

—¿Por qué, papá? Un árabe es como tú, como cualquier otro, como todo el mundo.

Entonces yo le dije a mi marido:

—Será un árabe, un judío, un español, un italiano... lo más importante es que ellas elijan a quien aman, y que sean felices. Porque yo no lo fui.

Amo a Antonio, pero no sé por qué él me quiere a mí, nunca he tenido el coraje de preguntárselo, de decirle: «Mírame, de dónde soy y cómo soy ahora. Me quemaron, ¿cómo es posible que me quieras, a mí, cuando hay tantas otras mujeres?».

No tengo confianza en mí misma. A veces me digo: «¡Caramba!, y si se buscara a otra mujer, ¿qué haría?».

De todos modos, es extraño. Cuando me llama por teléfono le pregunto siempre lo mismo: «¿Dónde estás, cariño?». Y cuando me responde que está en casa, me siento aliviada. Tengo siempre este miedo remoto en mi interior. El del abandono, del hombre que no va a regresar. Al que voy a esperar angustiada, como tuve que esperar al padre de Marouan.

He soñado muchas veces, estos últimos tiempos, que Antonio estaba con otra mujer.

Era otra pesadilla más. Empezó dos días después del nacimiento de Nadia, la pequeña. Antonio estaba con otra. Se cogían del brazo y paseaban juntos. Y yo le decía a mi hija Laetitia: «¡Ve rápido a buscar a papá!». Yo no osaba ir. Y mi hija tiraba de la chaqueta de su padre y le decía: «¡No, papá, no te marches con ella! ¡Quédate con nosotras!». Tenía que llevarlo hasta mí, y ella tiraba de su padre con todas sus fuerzas. Esta pesadilla no tiene nunca final. No sé nunca si Antonio vuelve o no. La última vez que me ocurrió, me desperté hacia las tres y media de la madrugada y no vi a Antonio. Me levanté y no estaba en su sillón; el televisor estaba apagado. Me precipité a la ventana para ver si estaba su coche, antes de darme cuenta de que había luz en su despacho, y que estaba comprobando las cuentas de su empresa.

¡Me gustaría tanto estar en paz, no tener más pesadillas! Pero mis sentimientos no están nunca en calma: emoción, angustia, incertidumbre, celos, inquietud constante en la vida. Hay algo roto dentro de mí, y a menudo la gente no se da cuenta porque sonrío siempre por cortesía, por respeto hacia los demás.

Pero cuando veo pasar a una mujer guapa, con un pelo bonito, unas piernas bonitas y una piel radiante... O cuando llega el verano, la temporada de la piscina y de la ropa ligera...

Abro mi armario: está lleno de prendas cerradas hasta

el cuello. Sin embargo, me compro otras, vestidos escotados, blusas sin mangas. Pero sólo puedo ponérmelas con una chaqueta encima, también abrochada hasta el cuello. Es mi otra capa...

Y me enfurezco cada verano. Sé que la piscina abre el 6 de mayo y cierra el 6 de septiembre, y eso me enloquece. Me gustaría que lloviera, que no estuviéramos nunca a más de 25 °C. Me vuelvo egoísta, pero es a mi pesar. Cuando hace demasiado calor sólo salgo a primera hora de la mañana, o a última de la tarde. Estoy pendiente de la información meteorológica, y a veces se me escapa: «¡Qué bien, mañana hará mal tiempo!». ¡Y mis hijas gritan!: «¡Eres mala, por decir esto, mamá! ¡Nosotras queremos ir a la piscina!».

Si la temperatura sube a 30 °C en el exterior, me encierro en mi habitación. Cierro la puerta con llave y lloro. Si tengo el coraje de salir con mis dos capas de ropa, la que me gustaría enseñar y la que me esconde, temo a los paseantes. ¿Saben ellos cómo soy? ¿Se preguntan por qué me visto en verano como en invierno?

Me gustan el otoño, el invierno y la primavera. Tengo la suerte de vivir en un país en el que no hace demasiado sol, más que durante tres o cuatro meses al año. No podría vivir a pleno sol, y sin embargo es donde nací. Me olvidé de ese país, de las horas en las que el sol dorado quemaba la tierra, de las que se volvía amarillo pálido en el cielo gris antes de ponerse por la noche. No quiero más sol.

A veces miro esa piscina ahí fuera, y la odio. Para mi desgracia, fue construida para el disfrute de los inquilinos de la residencia.

Es ella la culpable de esta maldita depresión.

Tenía cuarenta años. Estábamos al principio de todo del verano, un mes de junio que se anunciaba caluroso. Acababa de hacer las compras debajo de casa y miraba afuera, desde mi ventana, a esas mujeres casi desnudas en bañador. Una de mis vecinas, una chica muy guapa, volvía precisamente en biquini de la piscina, descalza, con un pareo en los hombros, con su novio al lado, el torso desnudo. Yo estaba sola, encerrada, obsesionada con la idea de que no podía hacer lo mismo que ellos. No era justo con el calor que hacía. Entonces abrí el armario y me puse a buscar. Esparcí no sé cuántas prendas por encima de la cama antes de encontrar algo razonable, y seguía sin sentirme bien conmigo misma. Manga corta por debajo, otra camisa encima. Tengo demasiado calor. Ponerme una camisa demasiado transparente, aunque sea abrochada hasta arriba, no puedo. Una minifalda, tampoco puedo porque mis piernas me sirvieron de reserva de injertos. Escote, manga corta, no puedo por las cicatrices. Todo lo que esparcía por encima de la cama era «no puedo».

Sudaba, todo se me pegaba a la piel.

Me tumbé en la cama y me eché a llorar muy en serio. Ya no podía más de estar encerrada por el calor, mientras que los demás estaban fuera con la piel al aire libre. Podía llorar todo lo que quisiera, estaba sola, las niñas estaban todavía en el colegio delante de casa. Luego me miré al espejo de mi dormitorio y me dije: «¡Mírate! ¿Por qué estás aquí? No puedes ir a la playa con tu familia. Aunque vayas, les vas a impedir quedarse en el agua porque habrá que volver por tu culpa. Las niñas están en el colegio, pero cuando vuelvan querrán ir a la piscina. ¡Por suerte para ellas, tienen todo el derecho, pero tú no! Tú ni siquiera puedes ir al restaurante de la piscina, a tomar un café o una limonada, porque temes que te vean los demás. Vas vestida de la cabeza a los pies, parece que vives en invierno y que estamos a 10 °C al lado de esa piscina. ¡Te toman por loca! ¡No vales para nada! Estás aquí, pero sin estar. Eres un objeto que se queda encerrado en casa».

Entonces me fui al cuarto de baño y cogí un frasco de somníferos que había comprado en la farmacia, sin receta, porque tenía problemas para dormir. Demasiadas cosas me rondaban por la cabeza. Vacié el frasco, conté los comprimidos. Había diecinueve, y me los tomé todos.

Al cabo de unos minutos tuve una sensación extraña, todo me daba vueltas. Abrí la ventana, lloraba mirando, frente a mí, el techo del colegio de Laetitia y Nadia. Abrí la puerta del piso mientras hablaba sola, me oía como si estuviera en el fondo de un pozo muy profundo. Quería subir al piso sexto, quería saltar por el balcón, me dirigía allí como en sueños, mientras hablaba.

«¿Qué va a ser de ellas si yo muero? Ellas me quieren. Yo las metí en este mundo, ¿por qué? ¿Para que sufran? ¿No basta ya con todo lo que yo he sufrido? No quiero que ellas sufran, nos vamos de este mundo las tres a la vez o ninguna... No, ellas me necesitan. Antonio trabaja. Dice que trabaja, pero quizá esté en la playa, no sé dónde está... Pero él, él sabe perfectamente que yo estoy en casa porque hace demasiado calor. Y yo no puedo salir, no puedo vestirme como quiero. ¿Por qué me ha ocurrido esto? ¿Qué le hecho yo al buen Dios? ¿Qué he hecho yo en esta tierra?»

Lloraba en pleno pasillo. No sabía ni dónde estaba. Volví a entrar en casa para cerrar la ventana, luego salí a la entrada, delante de los buzones, para esperar a las niñas. Luego ya no me acuerdo de nada hasta el hospital.

Me desmayé por culpa de los medicamentos. Me hicieron un lavado de estómago y el médico me mantuvo en observación. Al día siguiente me encontré ingresada en el hospital psiquiátrico. Vi a una psiquiatra, una mujer muy amable. Entró en mi habitación:

—Buenos días, señora...

—Buenos días, doctora.

Quería sonreírle cortésmente pero me eché a llorar de inmediato. Me dio un tranquilizante y se sentó a mi lado.

—Cuénteme cómo ocurrió, cómo se tomó usted esas pastillas. Por qué quiso usted suicidarse.

Se lo conté, el sol, la piscina, el fuego, las cicatrices, las ganas de morirme, y me eché a llorar otra vez. No conseguía desenmarañar lo que le había sucedido a mi cabeza. La piscina, esa estúpida piscina, había sido el detonante de todo. ¿Me quería morir por culpa de una piscina?

—¿Sabe usted que es la segunda vez que escapa a la muerte? Primero fue su cuñado, ahora usted misma. Encuentro que es mucho, y si no nos ocupamos de usted, podría repetirse. Pero yo estoy aquí para ayudarla, ¿quiere usted que lo haga?

Seguí una terapia con ella durante un mes, y luego me mandó a otra psiquiatra, una vez por semana, los miércoles. Era la primera vez en mi vida después del fuego que tenía a alguien que sólo estaba para escucharme hablar de mis padres, de mi infelicidad, de Marouan... No me resultaba fácil. Había momentos en los que tenía ganas de pararlo todo, pero me obligaba a seguir porque sabía que al salir de allí me sentía mejor.

Al cabo de un tiempo empecé a encontrarla demasiado autoritaria. Tenía la sensación de que quería imponerme un camino. Como si me estuviera diciendo que tengo que volver a mi casa por la derecha, aunque yo sepa perfectamente que también se puede ir por la izquierda...

Me dije: «¡Mierda! Me está dirigiendo, y ella no es mi madre». La misma obligación de ir a verla los miércoles. Me hubiera gustado ir cuando yo tenía ganas, o cuando lo necesitaba. También me hubiera gustado que me hiciera preguntas, que me hablara, que me mirara a los ojos. No tener que hablar a la pared mientras ella tomaba notas. Durante un año me resistí a las ganas de huir. Y comprendí que no estaba siendo realista, que queriendo morir negaba la existencia de mis dos hijas. Era egoísta al no pensar más que en mí misma, al querer marcharme sin importarme todo lo demás. Es muy bonito decir «me quiero morir», pero... ¿y los demás?

Ahora me encuentro mejor, pero a veces es muy duro. Me coge en cualquier momento. Sobre todo en verano. Vamos a mudarnos, lejos de esta piscina. Nuestra casa estará junto a la carretera, pero el verano seguirá viniendo. Aunque estemos en la montaña, aunque nos vayamos al desierto, siempre habrá verano.

A veces me digo: «Señor, me gustaría no levantarme mañana, me gustaría morirme y dejar de sufrir».

Tengo mi familia, amigos a mi alrededor, hago muchos esfuerzos. Pero me avergüenzo de mí misma. Si me hubiera quemado en un accidente, o me hubiera quedado paralítica, miraría mis cicatrices de otro modo. Habría sido el destino, nadie sería el culpable, ni siquiera yo misma.

Pero mi cuñado me quemó, y fue por la voluntad de mi padre y de mi madre. No fueron el destino ni la fatalidad los que me hicieron como soy. Lo que duele más es que me privaron de mi piel, de mí misma, y no por un mes o por un año, ni por diez años, sino para toda la vida.

Y de vez en cuando me vuelve todo. Fue en un *western* en el que salían muchas peleas, y caballos. Dos hombres se peleaban en un establo. Uno de ellos, por maldad, encendió una cerilla y la tiró a la paja, entre las piernas de su adversario, que se incendió y echó a correr envuelto en llamas. Me puse a gritar, a escupir lo que estaba comiendo. Me puse como loca.

Antonio me dijo:

—¡No, querida, es una película, es sólo en la película!

Y apagó el televisor. Me tomó en brazos para calmarme, repitiéndome:

—¡Querida, es la tele! ¡No es real, es el cine!

Me había ido muy hacia atrás. Corría envuelta en llamas. No pude dormir en toda la noche. Tengo tanto pavor del fuego que la más mínima llama me paraliza. Vigilo siempre a Antonio cuando se enciende un cigarrillo; espero a que la cerilla se haya apagado, o a que la llama del encendedor desaparezca. Por eso no miro mucho la televisión. Me da miedo volver a ver a alguien o algo que se quema. Mis hijas van con cuidado. En el momento en el que ven algo que me podría impresionar, cortan la imagen.

No quiero que enciendan una vela. En casa todo es eléctrico. No quiero ver fuego, ni en la cocina ni en ningún lugar. Pero un día alguien jugó con las cerillas delante de mí, riéndose, para hacer una demostración. Se puso alcohol en un dedo, y lo encendió. La piel no se quemaba, fue para jugar.

Me levanté de inmediato, presa del pánico y de la ira:

—¡Vete a hacer esto a otro lado! A mí me quemaron, ¡y no sabes lo que es!

Un fuego en una chimenea no me da miedo, siempre y cuando me mantenga a cierta distancia. El agua no me molesta siempre y cuando esté tibia. Me da miedo todo lo caliente. El fuego, el agua caliente, las placas, las ollas, las cafeteras encendidas, la tele que puede incendiarse, las tomas eléctricas mal colocadas, el aspirador, los cigarrillos olvidados, todo... Todo lo que puede suceder por el fuego. Y al final, mis hijas también están aterrorizadas por mi culpa. Porque una niña de catorce años que no pueda enchufar una placa eléctrica por mi culpa no es normal. Si no estoy en casa, no quiero que utilicen la cocina, ni que pongan agua a hervir para hacerse los espaguetis, o para el té. Tengo que estar yo en casa, cerca de ellas, atenta, nerviosa, para asegurarme de que yo misma lo apago. No pasa un solo día en el que me acueste sin haber comprobado todas las placas eléctricas.

Vivo con este miedo de día y de noche. Sé que dificulto la vida de los demás. Que mi marido tiene paciencia, que a veces se cansa de este terror sin razón. Que mis hijas deberían poder manipular una olla sin que yo tiemble. Ya llegará el día en el que tendrán que hacerlo.

Otro miedo me apareció hacia los cuarenta años. La idea de que Marouan se había hecho un hombre, que no lo había vuelto a ver desde hacía veinte años, que él sabía que yo me había casado y que tenía dos hermanas en algún lugar. Pero Laetitia y Nadia, en cambio, no sabían que tenían un hermano.

Esta mentira era un peso del cual no hablaba con nadie. Antonio conocía perfectamente su existencia desde el principio, pero no hablábamos nunca de él. Jacqueline lo sabía, pero respetaba mi mentira. Me había pedido que participara en conferencias, para hablar del crimen de honor delante de otras mujeres. Jacqueline seguía con su trabajo, partía en sus misiones y regresaba a veces victoriosa, a veces con las manos vacías. Yo me sentía con el deber de contar mi vida de mujer quemada, de dar mi testimonio en calidad de superviviente. Era prácticamente la única que podía hacerlo al cabo de todos estos años.

Y seguía mintiendo, seguía sin revelar la existencia de Marouan, convenciéndome así de que protegía a mi hijo de todo este horror. Pero ya era casi un hombre. La gran duda era saber si yo protegía más bien mi vergüenza personal, mi sentimiento de culpa por haberlo dado en adopción, o al propio Marouan.

Necesité tiempo antes de comprender que todo estaba relacionado. En mi pueblo no hay psiquiatras, las mujeres no se plantean preguntas semejantes. Tan sólo somos culpables de ser mujeres.

Mis hijas se hicieron mayores. Los «¿por qué, mamá?» se volvieron crueles.

—¿Pero por qué te quemaron, mamá?

—Porque quería casarme con un chico al que yo había elegido, y esperaba un bebé.

—¿Qué le ocurrió al bebé? ¿Dónde está?

Se había quedado allá, en un orfanato. No pude decirles otra cosa.

Testigo superviviente

Jacqueline me pidió, pues, que diera mi testimonio en nombre de la asociación Surgir. Esperó nerviosamente a que yo me sintiera capaz de hacerlo, después de esa depresión que me había anulado bruscamente, a pesar de que había conseguido construir una vida normal, de que estaba integrada en mi nuevo país, con un trabajo, un marido y unos hijos, una seguridad. Estaba mejor, pero me sentía todavía débil delante de ese público de mujeres europeas. Iba a hablarles de un mundo tan distinto, de una crueldad tan inexplicable para ellas.

Conté mi historia ante esas mujeres, sentada en un estrado, frente a una pequeña mesa con un micro. Jacqueline estaba a mi lado. Me lancé empezando la historia desde el principio. Y entonces me hicieron preguntas: «¿Por qué la quemaron?... ¿Había hecho usted algo malo?... ¿La quemaron sólo por haber hablado con un hombre?».

No contaba nunca que esperaba un hijo. Por un lado porque, embarazada o no, basta con un rumor que circule por el pueblo, con una denuncia, para que el castigo sea el mismo. Jacqueline sabe algo de esto. Pero sobre todo para evitarle problemas a mi hijo, que no sabe nada de mi pasado ni del suyo. No digo mi nombre verdadero, el anonimato es una medida de seguridad. Jacqueline conoce casos en los que la familia ha conseguido encontrar a su hija a miles de kilómetros de su casa y asesinarla.

Una mujer del público se levantó:

—Souad, tiene usted una cara bonita, ¿dónde están sus cicatrices?

—Señora, comprendo muy bien que me haga usted esta pregunta, me la esperaba. Así que le voy a enseñar mis cicatrices.

Me levanté delante de toda esa gente y me desabroché la camisa. Llevaba una camiseta escotada de manga corta. Les enseñé los brazos, la espalda. Y esa mujer se echó a llorar. Los pocos hombres que había se sintieron incómodos. Se apiadaban de mí.

En el momento de entregarme al espectáculo, tengo sin embargo la sensación de ser una especie de monstruo de feria. Pero no me molesta tanto en el contexto de un testimonio porque es algo importante para la gente. Debo hacerles entender que soy una superviviente. Estaba a punto de morir cuando Jacqueline llegó a ese hospital. Le debo la vida, y la obra que ella se esfuerza en continuar a través de la asociación Surgir precisa de un testimonio vivo para sensibilizar al público frente al crimen de honor. La mayoría de la gente lo ignora. Simplemente, porque sus supervivientes son muy escasas en el mundo. Y porque, por su seguridad, no pueden ser expuestas. Han podido escapar al crimen de honor gracias a los refugios de la asociación en varios países. No es sólo en Jordania o en Cisjordania, sino en todo Oriente Medio, en la India, en Paquistán...

Y esta parte del testimonio vuelve a ser de Jacqueline. Es ella quien explica también que es imprescindible tomar medidas de seguridad para todas estas mujeres.

En el momento de dar mi primer testimonio llevaba

quince años viviendo en Europa. Mi vida ha cambiado totalmente, yo puedo correr riesgos que ellas todavía no pueden. Las cuestiones personales llevan de inmediato a mi nueva vida, pero sobre todo a la condición de las mujeres de mi país. Un hombre me lo preguntó.

Yo, que tengo a veces dificultades para encontrar la palabra adecuada cuando se trata de contar mi propia vida de desgracias, tomo carrerilla cuando se trata de los demás; entonces soy imparable.

—Señor, una mujer allá no tiene vida. Hay muchas chicas que son golpeadas, maltratadas, estranguladas, quemadas, asesinadas. Para nosotros, allá, eso es totalmente normal. Mi madre quiso envenenarme para «acabar» el trabajo de mi cuñado, y para ella era lo normal, algo que forma parte de su mundo. Es así, la vida corriente de las mujeres. Si te dan una paliza, es normal. Si te queman, es normal; que te estrangulen es normal; que te maltraten es normal. La vaca y los corderos, como me repetía mi padre, están mejor considerados que las mujeres. Si no quieres morir, lo mejor es que te calles, que obedezcas, te arrastres, te cases virgen y tengas hijos. Si no se hubiera cruzado un hombre en mi camino, ésa es la vida que hubiera tenido. Mis hijos se hubieran vuelto como yo, mis nietos como mis hijos. Si hubiera vivido en mi país, yo me hubiera convertido en una mujer normal, como mi madre, que asfixió a sus propias hijas. Quizá hubiera matado a mi hija. Hubiera podido dejarla quemar. ¡Ahora pienso que eso es monstruoso! ¡Pero si me hubiera quedado, hubiera hecho lo mismo! Cuando estaba en el hospital, allá, muriéndome, seguía pensando que era lo normal. Pero cuando vine a Europa comprendí, con veinticinco años, a base de escuchar a la gente hablar a mi alrededor, que hay países en los que no se hace eso de quemar a las mujeres, en los que las niñas tienen la misma aceptación que los niños.

Para mí, el mundo acababa en mi pueblo. Mi pueblo era maravilloso, era el mundo entero, ¡hasta el mercado! Pasado el mercado ya no era normal, porque allí las chicas se maquillaban, llevaban faldas cortas y blusas escotadas. Eran ellas las que no eran normales. ¡Mi familia lo era! Nosotros éramos puros como la lana de las ovejas, y los demás, más allá del mercado, eran impuros.

»Las niñas no tenían derecho a ir al colegio, ¿por qué? Para que no conocieran el mundo. Lo más importante eran nuestros padres. Lo que dicen hay que hacerlo. El conocimiento, la ley, la educación vienen solamente de ellos. Por eso para nosotras no había colegio. Para que no tomáramos el autobús, para que no nos vistiéramos diferente, con una cartera en la mano, para que no aprendiéramos a leer ni a escribir, ¡eso es demasiado inteligente, no es bueno para una chica! Mi hermano era el único chico en medio de chicas, vestido como aquí, como en la gran ciudad, e iba al peluquero, al colegio, al cine, salía libremente, ¿por qué? ¡Porque tenía un pito entre las piernas! Él tuvo suerte, tuvo dos hijos varones, pero al fin y al cabo no fue él quien tuvo suerte, fueron sus hijas. ¡Ellas tuvieron la inmensa suerte de no nacer!

»La fundación Surgir, con Jacqueline, intenta salvar a estas niñas. Pero no es una tarea fácil. Nosotros estamos ahí, de brazos cruzados. Yo les hablo y ustedes me escuchan. ¡Pero ellas, allá, sufren! ¡Es por esto por lo que doy mi testimonio sobre los crímenes de honor para Surgir, porque se siguen practicando!

»Yo estoy viva y de pie gracias al buen Dios, gracias a Edmond Kaiser y gracias a Jacqueline. Surgir representa el coraje, el trabajo duro para ayudar a esas niñas. Los admiro. No sé cómo lo hacen. Yo preferiría llevar alimentos y ropa a los refugiados, a los enfermos, antes que hacer su trabajo. Ellos tienen que desconfiar de todo el mundo.

Puedes hablar con una mujer que parece amable y que luego va a denunciarte porque tú quieres ayudar y ella no está de acuerdo. Jacqueline llega a un país, está obligada a comportarse como ellos, a andar, comer y hablar como ellos. Debe fundirse con ese mundo para permanecer anónima.

—¡Gracias, señora!

Al principio estaba angustiada, no sabía cómo tenía que hablar, ¡en cambio, ahora, Jacqueline tenía que pararme!

Hablar en público, directamente, no me costaba demasiado. Pero me dio miedo la radio, por culpa de mi entorno, de las relaciones de trabajo, de mis hijas, que sabían algo, pero no todo. Debían de tener ocho y diez años, tenían amigas de colegio, y yo quería pedirles que fueran discretas si les preguntaban.

—¡Ah, qué bien, me encantaría ir contigo!

Esta reacción de Laetitia era a la vez reconfortante y un poco alarmante. Mamá habla por la radio, es bestial... Me di cuenta de que no valoraban la magnitud de ese testimonio y que, aparte de mis cicatrices, no sabían casi nada de mi vida. Un día u otro, cuando fueran un poco mayores, se lo tendría que contar todo, y eso me ponía enferma antes de empezar.

Era la primera vez que hablaba a una audiencia tan numerosa. Mis hijas se enteraron, pues, de una nueva cara de mi historia. Después de haber escuchado la emisión, Laetitia tuvo una reacción muy violenta:

—Mamá, ahora mismo te vistes, coges una maleta, nos vamos al aeropuerto y nos vamos allá, a tu pueblo. Les vamos a hacer lo mismo. ¡Vamos a quemarlos! ¡Vamos a coger unas cerillas y los vamos a quemar como hicieron contigo! No puedo verte así.

Siguió una terapia con un psicólogo durante seis meses, pero un día me dijo:

—¿Sabes qué, mamá? Mi psicóloga eres tú. Tengo suerte porque puedo hablar de todo contigo, de la A a la Z. Tú contestas a todas las preguntas que te hago. Así que ya no quiero ir más.

No quise forzarla. Llamé al terapeuta e hicimos balance juntos. Él pensaba que necesitaba unas cuantas sesiones más, pero que por el momento no había que forzarla. «Pero si al cabo de un tiempo ve usted que no está bien, que no habla con facilidad, que se deprime, me gustaría que me la volviera a traer.»

Temo que mi historia pese demasiado sobre ellas en el futuro. Ellas tienen miedo por mí, y yo por ellas. Esperé a que fueran lo bastante maduras para que pudieran comprender todo lo que todavía no les había contado: mi vida anterior con detalle, el hombre al que yo quise por marido, el padre de Marouan. Temo esa revelación, mucho más que todos los testimonios que puedan pedirme. También será necesario que las ayude a no odiar el país del que procedo, puesto que es a medias el suyo. Ellas ignoran totalmente lo que ocurre allí. ¿Cómo impedir que sientan odio por los hombres de mi país? Allá la tierra es bonita, pero los hombres son malos. En Cisjordania, las mujeres luchan por obtener una ley que no sea la de los hombres, pero son ellos los que votan las leyes.

En algunos países, en estos momentos, hay mujeres que están en prisión. En principio, es el único medio de protegerlas y de evitarles la muerte. Pero ni siquiera en prisión están totalmente a salvo. Y los hombres que quieren matarlas están en libertad. La ley no los castiga, o lo hace tan levemente que al cabo de muy poco tiempo vuelven a tener las manos libres para degollar, quemar, vengar su pretendido honor.

Y si alguien se presenta en un pueblo, en un barrio, para impedirles hacer daño, aunque vaya armado con una metralleta, aparecerán diez detrás de él si está solo, ¡cien si son diez! Si un juez condenara a un hombre por un crimen de honor, como un simple asesino, este juez no podría volver a caminar por la calle, no podría volver a vivir en un pueblo, debería huir por la vergüenza, por haber castigado a un «héroe».

Me pregunto qué le ocurrió a mi cuñado. ¿Iría a la prisión unos cuantos días? Mi madre me habló de la policía, de los problemas que podrían tener mi hermano y mi cuñado si yo no me moría. ¿Por qué no vino a verme la policía? ¡Era yo la víctima, quemada de tercer grado!

Conocí a chicas venidas de lejos, como yo, hace unos años. Se las esconde. Una joven que se había quedado sin piernas: había sido agredida por dos vecinos que la ataron y la metieron debajo de un tren. Otra a la que su padre y su hermano quisieron masacrar a cuchillazos, y luego la tiraron a la basura. Y todavía otra a quien su madre y sus dos hermanos tiraron por la ventana: está paralizada.

Y las otras de las que no se habla, a las que encontraron demasiado tarde, muertas. O las que lograron escapar pero las volvieron a atrapar en el extranjero, muertas.

Y las que pudieron escapar a tiempo y se esconden con o sin su hijo, vírgenes o madres.

No he conocido a ninguna mujer quemada como yo, no sobrevivieron. Y yo sigo escondiéndome, no puedo decir mi nombre, ni mostrar mi rostro. Tan sólo puedo hablar, es la única arma que me queda.

Jacqueline

Mi papel hoy y en los años futuros es seguir salvando a otras Souad. Va a ser largo, complicado, arduo, y hace falta dinero, como siempre. Nuestra fundación se llama Surgir, porque hay que surgir en el momento adecuado para ayudar a estas mujeres a escapar de la muerte. Trabajamos en cualquier rincón del mundo, en Afganistán, Marruecos o el Chad. Cualquier lugar en el que podamos intervenir de manera urgente. ¡Una urgencia que avanza lentamente! Anunciamos que cada año se registran más de seis mil casos de crímenes de honor, y que detrás de esta cifra se esconden todos los suicidios, accidentes, etcétera, que no quedan contabilizados...

En ciertos países se encarcela a las mujeres que tienen el coraje de quejarse, para poder protegerlas. ¡Algunas llevan allí desde hace quince años! Puesto que los únicos que pueden sacarlas de allí son el padre o el hermano, es decir, los mismos que quieren asesinarlas. Entonces, si un padre pide que salga su hija, es evidente que las autoridades no aceptan la petición. Hay una o dos de las que tengo conocimiento de que, sin embargo, salieron: fueron asesinadas de inmediato.

En Jordania —y no es más que un ejemplo— existe una ley que dice, como en la mayoría de los países: cualquier asesinato, crimen de derecho común, ha de ser castigado con años de prisión. Pero, al lado de esta ley, dos breves artículos, 97 y 98, determinan que los jueces serán indulgentes frente a los culpables de crímenes de honor. Las penas se reducen, entonces, a entre seis meses y dos años de prisión. Los condenados, a veces considerados héroes, a menudo no las cumplen en su totalidad. Hay asociaciones locales de abogados que luchan para que esos artículos sean enmendados. Otros artículos lo han sido, pero no el 97 ni el 98.

Trabajamos con asociaciones de mujeres, in situ, que desde hace años han puesto en marcha programas de prevención de la violencia y de protección de las mujeres víctimas de la violencia en sus países. Su trabajo es arduo, a menudo contrariado por los irreductibles... pero, año tras año, las cosas avanzan. Las mujeres de Irán han progresado en el terreno de sus derechos civiles. Las de Oriente Medio se han enterado de que en sus países existen leyes que les atañen y les dan derechos. Los parlamentos se han dado por aludidos, algunos artículos de leyes han sido enmendados.

Poco a poco, las autoridades reconocen estos crímenes. Las estadísticas se anuncian oficialmente en los informes de la Comisión de los Derechos Humanos en Paquistán. En Oriente Medio, la medicina legal de muchos países informa sobre el número de casos conocidos y las asociaciones locales hacen encuestas sobre los casos de violencia e investigan sobre las razones históricas y actuales de la permanencia de estas costumbres arcaicas.

Ya sea en Paquistán, que cuenta con el mayor número de niñas y mujeres asesinadas, en Oriente Medio o en Turquía, lo más importante es hacer retroceder estas costumbres que se transmiten a ciegas.

En un pasado reciente, autoridades como el rey Husain o el príncipe Hasán se manifestaron abiertamente contra estos crímenes que, en sus palabras, «no son crímenes de honor sino de deshonor». Hay imanes y religiosos cristianos que explican sin cortapisas que el crimen de honor es totalmente extraño al Corán o al Evangelio.

Nosotros no perdemos ni el ánimo ni la obstinación. Surgir ha adquirido la costumbre de llamar a todas las puertas, arriesgándose a que se les cierren en las narices. A veces, funciona.

Mi hijo

Laetitia y Nadia eran todavía pequeñas cuando volví a visitar a mi familia adoptiva por primera vez desde que les había «abandonado» a Marouan. Temía la reacción de mi hijo frente a sus dos hermanas pequeñas. Él entraba en la adolescencia, yo me había construido una vida sin él, y no sabía si iba a acordarse de mí, si me lo echaría en cara, o si mostraría desinterés hacia nosotras. Cada vez que llamaba para avisar que iría y transmitirles mi preocupación, me contestaban: «No, no, no hay ningún problema, Marouan está al corriente, puedes venir».

Pero no iba allí muy a menudo. Pedía noticias suyas y me tranquilizaban siempre diciéndome que todo iba bien. Lo había visto tres veces en veinte años. Y me sentía mal cada vez. Al volver a casa me echaba a llorar. Mis dos hijas se cruzaban con su hermano sin saber quién era, mientras que él sí lo sabía. Él no manifestaba nada, no reclamaba nada, y yo me callaba. Eran unas visitas agotadoras. No podía hablar con él, no me sentía con fuerzas. La última vez que fui, Antonio me dijo:

—Creo que es mejor que no vayas más. Lloras todo el rato, te deprimes y no sirve de nada. Él tiene su vida, unos padres, una familia, amigos... déjalo tranquilo. Un día, más adelante, ya le contarás todo si él te lo pide.

Me seguía sintiendo culpable, me negaba a volver al pasado, y sobre todo porque, aparte de Jacqueline y mi marido, nadie sabía que había tenido un hijo. ¿Seguía Marouan siendo mi hijo? No quería enfrentarme a un drama de familia, me resultaba demasiado duro.

La última vez que lo vi tenía unos quince años. Incluso estuvo jugando un rato con sus hermanas... Nuestro intercambio se redujo a unas cuantas palabras tristemente banales: «Hola, ¿todo bien?... Bien, y tú, ¿qué tal?».

Han pasado casi diez años. Pensaba que me habría olvidado, que yo ya no existía en su vida de hombre adulto. Sabía que trabajaba, que vivía en un estudio con su novia, como cualquier joven de su edad.

Laetitia tenía trece años, Nadia doce. Yo vivía consagrada a su educación y me convencía a mí misma de que había cumplido con mi deber. En los momentos de depresión, egoístamente, me decía que para seguir sobreviviendo era mejor olvidar. Envidiaba a la gente feliz, a los que no habían conocido la desdicha en su niñez, que no tenían secretos, ni una doble vida. Lo que siento es que me gustaría enterrar mi primera vida, con todas mis fuerzas, para intentar ser como ellos. Pero cada vez que participaba en una conferencia, que tenía que contar esa vida de pesadilla, las bases de esta felicidad se ponían a temblar, como si se tratara de una casa mal construida. Antonio lo veía claro, y Jacqueline también. Yo era una persona frágil, pero fingía no serlo.

Un día, Jacqueline me dijo:

—Podrías ser útil a otras mujeres si hiciéramos un libro sobre tu vida.

—¿Un libro? Pero si a duras penas sé escribir...

—Pero sabes hablar...

No sabía que se podía «hablar» un libro. Un libro es algo tan importante... Yo no formo parte de los que leen libros, por desgracia. Mis hijas los leen, Antonio puede leerlos. Yo prefiero el periódico de la mañana. Me quedé tan impresionada con la idea de un libro, de participar yo en un libro, que me dio vueltas en la cabeza. Desde hacía meses, viendo crecer a mis hijas, me decía que un día tendría que decirles más. Si todo esto estuviera escrito en un libro, sería menos angustioso que enfrentarme a mis hijas sola.

Hasta el presente sólo les había contado, poco a poco, lo más básico para justificar mi aspecto físico. Pero, un día u otro, ellas querrían entenderlo todo, y las preguntas siguientes serían como cuchilladas en mi cabeza.

Todavía no me sentía capaz de indagar en mi memoria, en busca del resto. A base de querer olvidar, acabas olvidando de verdad. El psiquiatra me había explicado que era normal, con la conmoción y el sufrimiento debido a la falta de cuidados. Pero lo más grave era Marouan. Vivía en una mentira protectora desde hacía demasiado tiempo. Y vivía mal.

Si aceptaba explicarme en un libro, tendría que hablar de él. ¿Tenía derecho a hacerlo? Dije que no. Tenía demasiado miedo. Mi seguridad y la suya se expondrían demasiado al peligro. Un libro circula por todo el mundo. ¿Y si mi familia me encontraba? ¿Y si le hacían daño a Marouan? Eran muy capaces. Pero por otro lado, tenía ganas de hacerlo. Muy a menudo me encontraba soñando despierta con una venganza imposible. Me veía regresando allá, escondida y protegida hasta encontrar a mi hermano. Era como una película en mi cabeza.

Llegaba frente a su casa y decía:

—¿Te acuerdas de mí, Asad? ¿Lo ves? ¡Estoy viva! Mira bien mis cicatrices. Fue tu cuñado Husain quien me quemó, ¡pero estoy aquí!

»¿Te acuerdas de mi hermana Hanan? ¿Qué le hiciste a mi hermana? ¿La echaste a los perros? ¿Y tu mujer, está bien? ¿Por qué me quemaron el mismo día en que ella parió a sus hijos? Yo estaba embarazada, ¿había que quemar también a mi hijo? Explícame por qué no hiciste nada por ayudarme, tú, mi único hermano de sangre...

»¡Te presento a mi hijo, Marouan! Nació dos meses antes de fecha en el hospital de la ciudad, pero es alto y guapo ¡y está vivo! ¡Míralo!

»¿Y Husain? ¿Envejeció o murió? ¡Espero que esté todavía ahí, pero ciego o paralítico, para que pueda verme viva frente a él! ¡Espero que sufra tanto como yo he sufrido!

»¿Y mi padre y mi madre? ¿Están muertos? ¡Dime dónde están para que pueda ir a maldecirlos sobre su tumba!

Durante casi un año dije no al libro, a menos que pudiera ocultar la existencia de mi hijo en la narración. Y Jacqueline respetó mi decisión. Era una lástima, pero lo comprendía.

No quería hacer un libro hablando de mí sin hablar de él, y no conseguía decidirme a un cara a cara con Marouan para resolver el problema. La vida continuaba, y yo me desmoralizaba a base de decirme: «¡Hazlo! No, no lo hagas». ¿Cómo abordar a Marouan? ¿Le llamo un buen día, así, sin avisar, al cabo de todos estos años, para decirle: «Marouan, tenemos que hablar»?

¿Cómo me presento? ¿Soy mamá? ¿Cómo actúo delante de él? ¿Le estrecho la mano? ¿Le doy dos besos? ¿Y si me ha olvidado? Está en su derecho, puesto que yo también me he «olvidado » de él...

Jacqueline me hace reflexionar sobre un aspecto que me atormentaba todavía más:

—¿Qué va a ocurrir si un día Marouan se encuentra con una de sus hermanas, y resulta que ella no sabe que es su hermano? Si ella se enamora de él y lo trae a casa, ¿qué harías entonces?

No se me había ocurrido nunca. Nos separaban una veintena de kilómetros. Laetitia estaba a punto de cumplir catorce años, pronto le llegaría la edad de tener novios... Nadia la seguiría... veinte kilómetros no son nada. ¡El mundo es muy pequeño! A pesar de este peligro incierto, pero siempre posible, no lograba decidirme. Y así transcurrió un año.

Finalmente las cosas se dieron solas. Marouan llamó a casa. Yo estaba en el trabajo y fue Nadia quien respondió a su llamada. Él dijo sencillamente:

—Conozco a tu madre, estuvimos juntos en la misma familia de acogida. ¿Podrías decirle que me llame?

Y cuando llegué a casa Nadia no encontraba el papel en el que había anotado su número. Buscaba por todos lados, yo me iba poniendo nerviosa. Parecía que el destino quisiera impedir que me volviera a poner en contacto con Marouan. Ignoraba dónde trabajaba y dónde vivía ahora. Hubiera podido llamar a su padre adoptivo para informarme, pero no me atrevía a hacerlo. Era cobarde y me avergonzaba. Me resultaba más fácil dejar actuar al destino que mirarme al espejo. Fue él quien volvió a llamar, un jueves. Fue él quien me dijo: «Deberíamos hablar». Y nos citamos para el día siguiente al mediodía. Iba a enfrentarme a mi hijo, sabía lo que me esperaba. Al fin y al cabo, la cuestión sería: «¿Por qué fui adoptado cuando tenía cinco años? ¿Por qué no me llevaste contigo?... Explícamelo».

Quería que me encontrara guapa. Fui a la peluquería, me maquillé, me vestí sencillamente, con unos vaqueros, unas zapatillas deportivas y una blusa roja, de manga larga y cuello cerrado. La cita había sido fijada para las doce en punto, delante de un restaurante de la ciudad.

Es una calle estrecha. Él viene del centro y yo de la estación, no hay lugar para el error. Y le reconocería entre miles. Lo veo llegar de lejos, con una bolsa de deporte verde. En mi cabeza sigue siendo un adolescente, pero es un hombre quien me sonríe. Las piernas ya no me sostienen, las manos me empiezan a temblar y el corazón se me sobresalta, como si me acabara de encontrar con el hombre de mi vida. Es un encuentro de amor. Es alto, se inclina mucho para besarme de manera muy simple, como si nos hubiéramos visto el día antes, y yo le devuelvo el beso.

—Hiciste bien en llamarme.

—Llamé hace quince días y entonces, como no me devolvías la llamada, me dije: «Ya está, eso es que no quiere verme...».

Le dije que no, le expliqué que Nadia había perdido el número.

—Si no te hubiera vuelto a llamar ayer, ¿me hubieras devuelto la llamada?

—No lo sé, no lo creo, no. No me atrevía a hacerlo por tus padres... sé que mamá murió...

—Sí. Papá está solo, ahora, pero está bien... ¿Y tú...?

No sabe cómo llamarme. Esa costumbre que adquirí al principio de llamar a mi familia de acogida «mamá» y «papá» no facilita las cosas. ¿Quién es mamá?

Entonces me lanzo:

—¿Sabes, Marouan? Puedes llamarme mamá, puedes llamarme Souad, puedes llamarme la baja, puedes llamarme como te apetezca. Y si Dios quiere, nos iremos conociendo.

—De acuerdo. Vamos a comer y hablamos.

Nos sentamos a la mesa y lo devoro con los ojos. Se parece a su padre. El mismo tipo, la misma manera de andar rápido, la misma mirada, y sin embargo es diferente. Finalmente se parece un poco a mi hermano, pero más tranquilo, con las facciones más dulces. Tiene aspecto de tomarse la vida como viene, sin complicarse, es sencillo y directo.

—Explícame cómo te quemaste.

—¿No lo sabes, Marouan?

—No, nadie me lo ha contado nunca.

Se lo cuento, y a medida que avanzo en mi relato veo cómo le va cambiando la mirada. Cuando le hablo del fuego encima de mí, deja el cigarrillo que estaba a punto de encender.

—¿Yo estaba en tu vientre?

—Sí, estabas en mi vientre. Di a luz sola. No te sentí llegar por culpa de las quemaduras. Te vi, estabas entre mis piernas, eso es todo. Luego desapareciste. Luego Jacqueline fue a buscarte para llevarte conmigo en avión. Vivimos nueve meses juntos en el hospital, y luego nos confiaron a papá y mamá.

—¿Fueron por mi culpa, entonces, las quemaduras?

—¡No, no fueron tu culpa! ¡No, nunca! Es, por desgracia, la costumbre de nuestro país Los hombres de ese país hacen su ley. Los culpables son mis padres, mi cuñado, ¡pero ciertamente no eres tú!

Me mira las cicatrices, las orejas, el cuello, pone la mano en mi brazo, suavemente. Siento que adivina el resto, pero no me pide que se lo enseñe. ¿Quizá tema pedírmelo?

—No lo quieres ver...

—No. Esta historia ya me duele lo bastante, sólo me haría más daño. ¿Cómo es mi padre? ¿Se me parece?

—Sí, la parte de arriba de la cara... No te he visto caminar demasiado, pero tienes su misma postura, derecho, orgulloso. Y luego la nuca, la boca, sobre todo las manos. Tienes las mismas manos que él, hasta la punta de las uñas... Era un poco más alto, musculoso como tú. Era guapo. Antes te miraba los hombros y me pareció ver a tu padre.

—Debe de remover algo en tu corazón porque, pese a todo, le quisiste...

—Sí, claro que le quise. Me había prometido que nos casaríamos... y luego, ya ves, cuando comprendió que estaba embarazada, no volvió más...

—¡Es asqueroso que te hubiera dejado! Al final, fue por mi culpa...

—Marouan, no. No pienses nunca eso. Es por culpa de los hombres de allá. Más adelante, cuando conozcas mejor aquel país, lo comprenderás.

—Me gustaría mucho conocerlo. ¿No podríamos ir? ¿Los dos? Sólo para ver cómo es, y luego verle a él... Me gustaría verle la cara. ¿Sabe que yo existo?

—Me sorprendería. No lo he vuelto a ver nunca más, ¿sabes? Y, aparte, allá están en guerra... No, es mejor no volver a verlos nunca más.

—¿Es cierto que nací a los siete meses?

—Sí, es cierto, saliste tú solo, no te vi mucho tiempo, pero eras muy pequeño...

—¿A qué hora?

—¿La hora? No lo sé... era un 1 de octubre, me lo dijeron después. ¡Yo misma no sabía nada de nada! No podría decirte la hora... ¡Lo importante es que llegaste bien, de la cabeza a los pies!

—¿Por qué ibas allá, a casa de los papás, y no me dirigías la palabra?

—No me atrevía, de cara a papá y a mamá que te habían adoptado. No quería hacerles daño. Son ellos los que te educaron, hicieron todo lo que pudieron.

—Me acuerdo de ti. En la habitación, me diste un yogur, y entonces se me cayó un diente y había sangre en el yogur, como no quería comérmelo, tú me obligaste. De eso me acuerdo.

—No me acuerdo... ¿Sabes? En aquella época me ocupaba también de los otros niños, y mamá me decía que no debía cuidarte a ti más que a los demás... Y además no podíamos desperdiciar la comida, en casa de los papás, costaba demasiado dinero alimentar a todos aquellos niños.

—Yo, cuando tenía catorce o quince años, estaba muy resentido, ¿sabes?... Tenía celos.

—¿Celos de quién?

—Celos de ti. Hubiera querido que estuvieras allí todo el tiempo.

—¿Y ahora? ¿Y hoy?

—Ahora tengo ganas de conocerte, tengo ganas de saber muchas cosas...

—¿No te sabe mal que haya tenido otros hijos?

—Es fantástico tener hermanas... A ellas también me gustaría conocerlas.

Entonces miró el reloj, yo debía regresar al trabajo.

—Es lástima, te tienes que ir, qué pena, me gustaría quedarme contigo.

—Sí, pero tengo que irme. ¿Quieres venir a casa, mañana?

—No, es demasiado pronto. Prefiero que nos veamos en otro sitio.

—Entonces mañana por la tarde, a las siete, en el mismo sitio. Vendré con las niñas.

Está feliz. No me esperaba que fuera tan fácil. Creía que estaría tan resentido por haberlo dado en adopción que me despreciaría. Pero ni siquiera me lo preguntó. Me besa, yo le beso a él, nos decimos «adiós, hasta mañana».

Y vuelvo a trabajar, con la cabeza zumbando como un avispero. Sea lo que sea que ocurra a partir de ahora, me he librado de una angustia que me consumía desde hace mucho tiempo y que no quería aceptar. Lamento no haber sido capaz de conservar a mi hijo a mi lado. Un día tendré que pedirle realmente perdón por haberlo olvidado en mi voluntad de rehacer mi vida. Estaba muerta en mi cabeza, tenía agua en vez de ideas, no sabía lo que hacía; no había nada real. Flotaba. Se lo hubiera tenido que decir, y decirle también que, aunque su padre nos hubiera abandonado a los dos, yo lo amaba. No fue mi culpa si era un cobarde como todos los demás. Y decirle también: «Marouan, tenía tanto miedo que me golpeé en el vientre...». Tiene que perdonarme por haberlo hecho. Yo creía que la sangre iba a venir a liberarme, era demasiado ignorante. No tenía nada en la cabeza, ¡sólo el miedo! ¿Podrá entenderlo y perdonarme? ¿Puedo contárselo todo a este hijo? ¿Y a mis hijas? ¿Cómo van a juzgarme los tres?

Estoy tan agitada que la noche siguiente no logro dormir. Una vez más, veo el fuego sobre mí y corro por el jardín como una loca.

Antonio deja que me las apañe sola, de momento no quiere inmiscuirse, pero ve claramente que yo estoy mal.

—¿Has hablado con las niñas?

—Todavía no. Mañana... Iremos a cenar juntos con Marouan, y ya encontraré el momento adecuado para hablarles. Pero tengo miedo, Antonio.

—Lo conseguirás. Ahora ya no puedes echarte atrás.

A las tres cincuenta y siete de la madrugada me encuentro un mensaje de Marouan en el móvil: «Sólo quería decirte que estoy bien, te mando un beso. Hasta mañana, mamá».

Me ha hecho llorar.

Construir una casa

Esa noche, Antonio sale con un amigo para dejarme sola con los niños.

Sábado noche, siete horas, 16 de noviembre de 2002.

Es una cena animada. Lo devoran todo, se ríen. Laetitia, muy parlanchina, no para de hablar, como es costumbre en ella. Marouan ha venido con su novia. Para mis hijas sigue siendo oficialmente uno de los niños a los que conocí en mi familia de acogida. Su presencia no las sorprende, ellas están felices de salir un sábado por la noche con mamá y unos amigos.

No han crecido juntos y sin embargo dan la sensación de ser cómplices. Temía que esta noche fuera agotadora. Antonio me ha dicho, antes de salir: «Llámame si me necesitas, vendré a buscarte».

Es extraño pero me siento bien, ya casi no tengo miedo. Sólo un poco de inquietud por mis hijas. Marouan pincha a la mayor:

—Ven, Laetitia, siéntate a mi lado.

La estrecha contra él, bromeando. Y ella se gira hacia mí, para susurrarme:

—¡Qué simpático, mamá!

—Sí, lo es.

—¡Y qué guapo!

Observo los detalles de sus tres caras. Marouan se parece más a Laetitia, quizá por la parte superior de la frente. Hay momentos en los que veo en él expresiones de Nadia, más pensativa y reservada que su hermana. Laetitia tiene a veces una manera de expresar sus sentimientos y sus reacciones demasiado impulsiva. Ha heredado el carácter italiano de su padre. Nadia prefiere reservárselos para ella.

¿Ellas van a comprenderlo? Tengo demasiada tendencia a verlas todavía como niñas de tres años y a sobreprotegerlas. A la edad de Laetitia, mi madre ya estaba casada y embarazada...

Ahora acaba de decirme: «¡Qué guapo es!».

¡Se hubiera podido enamorar de su hermano! Mi silencio hubiera podido provocar una serie de catástrofes. De momento estallan de risa riéndose de un hombre claramente ebrio. Mira hacia nuestra mesa y se dirige desde lejos a Marouan:

—¡Eh, tú, cabroncete! ¡Tienes suerte de estar rodeado de mujeres! ¡Cuatro mujeres y yo aquí solo!

Marouan se muestra orgulloso y aparentemente susceptible. Gruñe:

—Voy a levantarme para romperle la cara.

—¡No, quédate sentado, por favor!

—Está bien...

El dueño del restaurante se encarga de alejar al intruso con cuidado y la cena discurre entre bromas y estallidos de risas.

Luego vamos a acompañar a Marouan y a su novia a la estación. Vive y trabaja en el campo. Mi hijo se encarga de cuidar jardines y del mantenimiento de espacios verdes. Parece amar su trabajo, nos ha hablado un poco de él durante la cena. Laetitia y Nadia, a su edad, todavía no tienen proyectos concretos. Nadia habla de trabajar en el mundo de la moda; Laetitia pasa de una idea a otra. Caminan los tres delante de mí por la calle que baja hasta la estación, Marouan en medio. Laetitia lo coge de un brazo, Nadia del otro, con plena confianza. Sigo sin haberles hablado, y Marouan se comporta de manera formidable, deja hacer. Charla con sus dos hermanas con naturalidad, como si las conociera de toda la vida. En mi vida no ha habido grandes alegrías, antes de casarme con Antonio y tener a mis dos hijas. Marouan nació en el sufrimiento, sin padre, y ellas en la felicidad, siendo los tesoros de su padre. Sus destinos son distintos, pero sus risas los unen mejor de lo que yo jamás sería capaz de hacer. Me invade un sentimiento desconocido. Me siento orgullosa de ellos. Esta noche no me falta nada. Ya no siento angustia ni tristeza, sólo hay paz en mi cabeza.

En el andén de la estación, Laetitia me dice:

—Nunca me había sentido tan bien como con Marouan.

Y Nadia añade:

—Yo igual...

—Me gustaría mucho ir a dormir a casa de Marouan y su novia, y luego mañana por la mañana desayunaríamos juntos, ¡y luego cogemos el tren para volver!

—No, nos vamos a casa, Laetitia, tu padre nos espera.

—Es increíblemente simpático, mamá, de verdad que me encanta. Es amable, es guapo... ¡Qué guapo es, mamá!

Luego le toca el turno a Nadia de agarrarse a mí:

—¿Cuándo le volveremos a ver, mamá?

—Quizá mañana, o pasado. Mamá va a hacer las cosas bien, ya lo verás.

—¿Qué dice, Nadia?

—Le he pedido a mamá que nos volvamos a ver con

Marouan y ella ha dicho que tal vez mañana, ¿verdad, mamá? ¿Estamos de acuerdo?

—Podéis contar conmigo. Mamá va a hacer las cosas bien...

El tren se va y yo miro el reloj, es la una cuarenta y ocho de la madrugada. Las dos corren tras el vagón, enviándole besos con la mano. No olvidaré nunca ese momento. Desde que vivo en Europa me acostumbré a los relojes, y esta costumbre se convirtió en una especie de referencia maniática. La memoria del pasado me falla tan a menudo que anoto conscientemente el presente cuando hay algo importante para mí. Es curioso, Marouan quería saber ayer a qué hora había nacido... Él también necesita tener referencias. Es un regalo que me costaría hacerle. Esa noche lo intenté, en pleno insomnio. Todo lo que puedo sonsacarle a mi propia cabeza es que era de noche. Me parece recordar haber visto una luz eléctrica en el pasillo de aquel maldito hospital cuando el médico se llevaba a mi hijo. La hora... es un reflejo de occidental, y en mi país sólo llevaban reloj los hombres. Durante veinte años me tuve que conformar con el sol y la luna. Le diré a Marouan que nació a la hora de la luna.

Al llegar a casa le mando un mensaje al móvil, para saber si han llegado bien. Me responde con un «gracias, buenas noches, hasta mañana...».

Es tarde, las niñas se van a acostar y Antonio todavía no duerme.

—¿Ha ido bien, querida?

—Perfecto.

—¿Has hablado con las niñas?

—No, todavía no. Pero estoy preparada para contárselo mañana. Ya no tengo razones para esperar, les ha gustado de inmediato. Sin embargo, es extraño... es como si lo conocieran desde hace tiempo.

—¿Y Marouan no ha dicho nada, no ha hecho referencia a nada?

—Absolutamente nada, ha estado formidable. Pero es extraño que Laetitia se haya acercado tanto a él, y también Nadia. Estaban colgadas de él. No se comportan nunca así con sus amigos. Nunca...

—Estás demasiado nerviosa...

No estoy nerviosa. Siento curiosidad. ¿Pueden los hermanos reconocerse entre ellos de esta manera? ¿Qué ocurre entre ellos para que sea un hecho tan evidente? ¿Existe alguna señal, algo que tienen en común sin ni siquiera saberlo? Me lo esperaba todo y no esperaba nada a la vez, pero no este afecto instintivo.

—Quizá deberías esperar un día o dos...

—No, mañana es domingo, me instalaré en la cafetería del despacho, no habrá nadie, y hablaré con Laetitia y Nadia tranquilamente. Ya veremos lo que Dios nos da, Antonio.

Después de mis hijas estarán el entorno, los vecinos, y sobre todo el despacho en el que trabajo desde hace ya años. Me encargo del mantenimiento, organizo pequeñas recepciones, estoy como en casa, y la amistad de mis jefes es muy importante... ¿Cómo presentarles a Marouan al cabo de diez años?

Necesito estar a solas con mis hijas. Van a juzgar a su madre por una mentira que ha durado veinte años, y también a una mujer a quien no conocen, la madre de Marouan, la que lo ha escondido durante todos estos años. La que las quiere y las protege. A menudo les he dicho que su nacimiento fue la gran felicidad de mi vida. ¿Cómo van a admitir que el de Marouan fuera una pesadilla tan grande que a él no se lo he dicho nunca?

Al día siguiente, hacia las nueve de la mañana, el despertar del domingo es el de siempre:

—¿Te preparo un café, mamá?

—Gustosamente.

Es el ritual de cada mañana, y yo respondo siempre «gustosamente». Soy muy intransigente con la cortesía y el respeto mutuo. Encuentro que los niños de aquí son a menudo maleducados. Utilizan un lenguaje vulgar que aprenden en el colegio, y contra el cual Antonio y yo luchamos con firmeza. Laetitia ha recibido más de una bronca de su padre por haber contestado mal. Yo no recibí más que una educación, la de la esclavitud.

Laetitia me trae el café y un vaso de agua tibia. Me besa con frecuencia, y también su hermana. El amor que recibo de ellas dos y de su padre me sorprende cada día, como si no me lo mereciera. Lo que voy a hacer es tan difícil por razones distintas a mi miedo a enfrentarme a la mirada de mi hijo.

—Me gustaría hablaros de una cosa muy importante.

—Pues adelante, mamá, te escuchamos.

—No, aquí no, vayamos al despacho, a la cafetería.

—¡Pero si hoy no trabajas! Ah, ¿sabes qué? He vuelto a pensar en ayer, fue divertidísimo, ¿no te ha llamado, Marouan?

—Volvimos muy tarde, debe de estar todavía durmiendo.

Si no fuera su hermano me preocuparía. Siguen charlando entre ellas, absolutamente ajenas al hecho poco habitual de nuestra visita al despacho un domingo por la mañana. Soy yo la que creo historias en mi cabeza. Ellas salen con mamá, mamá tiene que pasar por el despacho a hacer algún recado, y luego... da igual, ellas confían en mí.

—Ayer pasamos una velada perfecta.

—¿Es esto lo que querías decirnos?

—Esperad, una cosa tras la otra... Ayer, como os decía, pasamos una velada muy bonita con Marouan, ¿no os dice nada esto? ¿En qué os hace pensar Marouan?

—En un chico muy amable que vivía en la casa de tus padres adoptivos, fue él quien nos lo contó...

—Y que es guapo y encantador...

—¿Son su belleza y su amabilidad lo que os atrae de él?

—Todo, mamá, tiene ese aspecto tan delicado.

—Es cierto... ¿Os acordáis de que yo estaba embarazada cuando me quemaron? Os lo había contado.

—Sí, nos lo habías dicho...

—Y ese niño, ¿dónde está? ¿Qué pensáis?

Ellas me miraban a los ojos con una expresión muy extraña.

—¡Pero no se quedó allí, con tu familia!

—No. ¿No tienes ni idea de dónde puede estar ese niño? ¿No has visto nunca a nadie que podría parecerse a ti, Laetitia, o a ti, Nadia? ¿O quizá a mí, alguien que tuviera la misma voz, que caminara como yo...?

—No, mamá, te lo prometo, no.

—No, mamá.

Nadia se limita a repetir lo que dice su hermana —Laetitia suele ser la portavoz—, pero la víspera advertí una gota de celos de su parte. Marouan se reía más con Laetitia, estaba menos pendiente de ella. Ahora me escucha muy atenta y sus ojos no me dejan ni un segundo.

—¿Tú tampoco, Nadia, lo sabes?

—No, mamá.

—Tú, Laetitia, eres mayor, ¿podrías acordarte? Seguro que lo has visto en casa de mis padres adoptivos.

—Te lo prometo que no, mamá.

—Pues, bueno, ¡es Marouan!

—¡Ah, Dios mío, es Marouan, con quien estuvimos ayer noche!

Y las dos se echan a llorar.

—¡Es nuestro hermano, mamá! ¡Estaba en tu vientre!

—Es vuestro hermano, estaba en mi vientre y lo parí yo sola. Pero no lo dejé allá, lo traje hasta aquí.

Entonces me lanzo a la explicación más difícil, la del porqué de la adopción. Busco las palabras, con cuidado, palabras que ya he oído en la consulta de mi psiquiatra, «reconstruirse», «aceptarse», «volver a ser mujer», «volver a ser madre»...

—¡Te lo has estado guardando durante veinte años, mamá! ¿Por qué no nos lo dijiste antes?

—Erais demasiado pequeñas, no sabía cómo ibais a reaccionar, os lo quería decir cuando fuerais mayores, como lo de las cicatrices... como el fuego. Es como construir una casa: se pone un ladrillo tras otro. Si el primer ladrillo no es lo bastante sólido, ¿qué ocurre? Que el siguiente se cae. En este caso es lo mismo, cariño. Mamá quería construir su casa y pensé que más adelante ya sería lo bastante sólida y alta para que entrara Marouan. De lo contrario, mi casa se habría podido hundir y no hubiera podido hacer nada. Pero ahora está aquí. Es vuestra elección.

—Es nuestro hermano, mamá. Dile que venga a casa a vivir con nosotros. ¿Eh, Nadia? Tenemos un hermano mayor y yo soñaba con esto, siempre te lo he dicho, un hermano mayor como el de mi amiga. ¡Y yo, ahora, tengo un hermano mayor, está aquí, es Marouan! ¿Eh, Nadia?

—¡Yo voy a vaciar mi armario y también le dejo mi cama!

¡Nadia no da nunca ni un chicle! Es muy generosa, pero no da fácilmente sus cosas. ¡Y por su hermano lo hizo!

Es asombroso, ese hermano que surge de la nada y la tenemos dispuesta a dárselo todo...

He aquí cómo el hermano mayor desconocido entró en nuestra casa. Tan fácil como vaciar un armario y darle una cama. Pronto tendremos una casa más grande, él tendrá su habitación. Estoy abrumada de tanta felicidad. Se pasan el día llamándose, esperándose, y yo me dije que no tardarían en pelearse. Pero Marouan es el mayor, enseguida adquirió autoridad frente a sus hermanas: «¡Laetitia! ¡No se le responde así a tu madre! ¡Te ha pedido que bajes el volumen de la tele, lo haces y ya está! ¡Tienes suerte de tener padres, así que respétalos!».

—Psé, bueno, perdóname, no lo haré más, lo prometo...

—Yo no he venido para que nos gritemos, pero papá y mamá trabajan los dos. ¿Qué significa esta habitación tan desordenada?

—Pero en el colegio trabajamos mucho, ¡tú fuiste antes que nosotras! ¡Ya sabes lo que es!

—Sí, es cierto, pero eso no es una razón para que tratéis así a papá y mamá.

Y un día Marouan me habló aparte:

—¿Mamá? ¿Qué piensa Antonio? ¿A él no le molesta que yo riña a sus hijas?

—Antonio está contento con lo que haces.

—Tengo miedo de que un día me diga: «Cuídate de tus cosas, son mis hijas...».

Pero Antonio no lo hizo nunca. Es inteligente por su parte. Al contrario, está contento de delegar su autoridad. Y el colmo es que obedecen mejor a su hermano que a él o a mí... Con nosotros discuten, son capaces de dar un portazo, pero con él no. A menudo me digo: «Mientras dure...».

A veces las cosas se ponen un poco tensas. Laetitia viene a refugiarse a mi cama:

—¡Me pone nerviosa!

—Tiene razón, como tu padre. Contestas mal...

—¿Por qué dice que se marchará si no le escuchamos? ¿Y que no ha venido aquí para echarnos la bronca?

—Es normal. Marouan no tuvo tu suerte; él ha vivido momentos difíciles que vosotras no habéis pasado. Para él es importante tener unos padres, una madre es algo precioso cuando no la has tenido cerca, ¿lo comprendes?

Si pudiera deshacerme de este sentimiento de culpa que vuelve a aflorar todavía con demasiada frecuencia... Si pudiera cambiar de piel... Le dije a Marouan que me había decidido a contar nuestra historia en un libro, si estaba de acuerdo.

—Va a ser como nuestro álbum de familia. Y un testimonio sobre el crimen de honor.

—Un día iré allá...

—¿Qué vas a ir a buscar, Marouan? ¿La venganza? ¿La sangre? Tú naciste allá, pero no conoces a aquellos hombres. Yo también sueño con ello, yo también siento odio, creo que sería un alivio poder llegar a mi pueblo contigo y decirles bien alto: «¡Mirad todos! ¡Éste es Marouan, mi hijo! ¡Nos quemamos, pero no nos hemos muerto! ¡Mirad lo guapo, lo fuerte y lo inteligente que es!».

—¡Es a mi padre al que querría ver de cerca! ¡Querría entender por qué te dejó, él sabía lo que te esperaba...!

—Quizá. Pero lo comprenderás mejor cuando esté escrito en un libro. Contaré todo lo que todavía ignoras, y lo que mucha gente sigue ignorando. Porque hay otras supervivientes, y entre ellas mujeres que llevan mucho tiempo escondidas, y lo estarán todavía durante mucho más tiempo. Ellas han vivido en el miedo y viven todavía atemorizadas. Yo puedo hablar por ellas.

—¿Tienes miedo?

—Un poco.

Tengo miedo sobre todo de que mis hijos, y Marouan en especial, vivan con la espina clavada de la venganza. De

—¿Y Marouan no ha dicho nada, no ha hecho referencia a nada?

—Absolutamente nada, ha estado formidable. Pero es extraño que Laetitia se haya acercado tanto a él, y también Nadia. Estaban colgadas de él. No se comportan nunca así con sus amigos. Nunca...

—Estás demasiado nerviosa...

No estoy nerviosa. Siento curiosidad. ¿Pueden los hermanos reconocerse entre ellos de esta manera? ¿Qué ocurre entre ellos para que sea un hecho tan evidente? ¿Existe alguna señal, algo que tienen en común sin ni siquiera saberlo? Me lo esperaba todo y no esperaba nada a la vez, pero no este afecto instintivo.

—Quizá deberías esperar un día o dos...

—No, mañana es domingo, me instalaré en la cafetería del despacho, no habrá nadie, y hablaré con Laetitia y Nadia tranquilamente. Ya veremos lo que Dios nos da, Antonio.

Después de mis hijas estarán el entorno, los vecinos, y sobre todo el despacho en el que trabajo desde hace ya años. Me encargo del mantenimiento, organizo pequeñas recepciones, estoy como en casa, y la amistad de mis jefes es muy importante... ¿Cómo presentarles a Marouan al cabo de diez años?

Necesito estar a solas con mis hijas. Van a juzgar a su madre por una mentira que ha durado veinte años, y también a una mujer a quien no conocen, la madre de Marouan, la que lo ha escondido durante todos estos años. La que las quiere y las protege. A menudo les he dicho que su nacimiento fue la gran felicidad de mi vida. ¿Cómo van a admitir que el de Marouan fuera una pesadilla tan grande que a él no se lo he dicho nunca?

Al día siguiente, hacia las nueve de la mañana, el despertar del domingo es el de siempre:

—¿Te preparo un café, mamá?

—Gustosamente.

Es el ritual de cada mañana, y yo respondo siempre «gustosamente». Soy muy intransigente con la cortesía y el respeto mutuo. Encuentro que los niños de aquí son a menudo maleducados. Utilizan un lenguaje vulgar que aprenden en el colegio, y contra el cual Antonio y yo luchamos con firmeza. Laetitia ha recibido más de una bronca de su padre por haber contestado mal. Yo no recibí más que una educación, la de la esclavitud.

Laetitia me trae el café y un vaso de agua tibia. Me besa con frecuencia, y también su hermana. El amor que recibo de ellas dos y de su padre me sorprende cada día, como si no me lo mereciera. Lo que voy a hacer es tan difícil por razones distintas a mi miedo a enfrentarme a la mirada de mi hijo.

—Me gustaría hablaros de una cosa muy importante.

—Pues adelante, mamá, te escuchamos.

—No, aquí no, vayamos al despacho, a la cafetería.

—¡Pero si hoy no trabajas! Ah, ¿sabes qué? He vuelto a pensar en ayer, fue divertidísimo, ¿no te ha llamado, Marouan?

—Volvimos muy tarde, debe de estar todavía durmiendo.

Si no fuera su hermano me preocuparía. Siguen charlando entre ellas, absolutamente ajenas al hecho poco habitual de nuestra visita al despacho un domingo por la mañana. Soy yo la que creo historias en mi cabeza. Ellas salen con mamá, mamá tiene que pasar por el despacho a hacer algún recado, y luego... da igual, ellas confían en mí.

—Ayer pasamos una velada perfecta.

—¿Es esto lo que querías decirnos?

—Esperad, una cosa tras la otra... Ayer, como os decía, pasamos una velada muy bonita con Marouan, ¿no os dice nada esto? ¿En qué os hace pensar Marouan?

que esta violencia que se transmite entre generaciones de hombres haya dejado una señal, aunque sea mínima, en su espíritu. Él también tiene que construirse una casa, ladrillo a ladrillo. Un libro está bien para construir una casa.

Recibí una carta de mi hijo, con su bonita caligrafía redonda. Quería darme ánimos para emprender esta difícil labor. De nuevo me hizo llorar.

> Mamá:
> Después de todo este tiempo viviendo solo, sin ti, volver a verte al fin, a pesar de todo lo que ha ocurrido, me ha dado la esperanza de una vida nueva. Pienso en ti y en tu coraje. Gracias por hacernos este libro. A mí también me va a dar coraje para vivir. Te quiero, mamá. Tu hijo, Marouan.

He contado mi vida por primera vez, esforzándome por sacar de mi memoria las cosas más escondidas. Ha sido más agotador que ofrecer un testimonio en público, y más doloroso que responder a las preguntas de mis hijos. Espero que este libro viaje por el mundo, que un día llegue hasta Cisjordania y que los hombres no lo quemen.

En nuestra casa estará bien ordenado en una estantería de la biblioteca, y todo estará dicho de una vez por todas. Lo haré encuadernar con una bonita piel de cuero para que no se estropee, con bellas letras doradas.

Gracias.

SOUAD

En algún lugar de Europa

31 de diciembre de 2002

SURGIR es una fundación suiza que se dedica a ayudar, en todo el mundo, a las mujeres sometidas a tradiciones criminales, mártires de cuerpo y alma, y a sus hijos.

SURGIR lucha encarecidamente contra la injusticia que destruye a estas mujeres.

Para ayudar a SURGIR:
Banque Cantonale Vaudoise
CH-1001 Lausana
Cuenta corriente: U 5060.57.74

Para más información: www.surgir.ch
E-mail: office@surgir.ch